元宇宙漫游

周鹏远（Pengyuan Zhou） 李力恒（Lik-Hang Lee） 许彬（Pan Hui） 等◎编著

人民邮电出版社
北京

图书在版编目（CIP）数据

元宇宙漫游 / 周鹏远等编著. -- 北京 : 人民邮电出版社, 2023.1
ISBN 978-7-115-59873-8

Ⅰ. ①元… Ⅱ. ①周… Ⅲ. ①信息经济 Ⅳ. ①F49

中国版本图书馆CIP数据核字(2022)第148548号

内 容 提 要

本书结合国内外多位相关领域专家的见解，由浅入深地剖析了元宇宙的重要技术、生态和发展，将读者快速带入元宇宙世界，了解元宇宙的重要知识点。本书从人城交互、空间体验、计算机视觉、边缘计算、系统 5 个方面介绍了元宇宙的关键技术，内容涉及元宇宙时代城市和人类的沉浸式互动、计算机视觉相关技术、元宇宙的搭建和实现技术等。同时本书还探讨了元宇宙涉及的社会问题，包括元宇宙对生活、隐私等方面的影响，元宇宙中的恶意用户和检测问题，以及高效构建元宇宙的方式和方法等。本书不仅可以帮助广大读者了解元宇宙的前世今生、支撑技术，而且可以帮助相关专业人士把握元宇宙的重要发展方向。

本书适合对元宇宙感兴趣的读者阅读，也可以作为高等院校学生及科研机构研究人员的参考资料。

◆ 编　　著　周鹏远　李力恒　许　彬　等
责任编辑　秦　健
责任印制　王　郁　焦志炜

◆ 人民邮电出版社出版发行　　北京市丰台区成寿寺路 11 号
邮编　100164　　电子邮件　315@ptpress.com.cn
网址　https://www.ptpress.com.cn
北京捷迅佳彩印刷有限公司印刷

◆ 开本：880×1230　1/32
印张：6.625　　2023 年 1 月第 1 版
字数：102 千字　　2023 年 1 月北京第 1 次印刷

定价：59.80 元

读者服务热线：(010)81055410　印装质量热线：(010)81055316
反盗版热线：(010)81055315
广告经营许可证：京东市监广登字 20170147 号

推荐序

本书汇聚了国内外多位学者对元宇宙的认知、研究和思考，从不同角度由浅入深地带领读者了解元宇宙。与一般书籍不同的是，本书的多位作者专门从事相关方向的研究，因而除比较泛化的介绍以外，还提出了一些前沿问题，同时给出了很多比较深入的建议。这些建议对有志于或正在从事元宇宙相关事业的从业者和科研工作人员有着重要的指导意义。

本书第一部分全面介绍了元宇宙的概念、主要技术及生态，可以帮助读者快速了解元宇宙的梗概。第二部分则列举了几个关键的技术研究方向，分别介绍了人城交互、空间体验、计算机视觉、边缘计算、系统在元宇宙中的挑战和意义，并列举了一些包括作者所在研究团队的研究成果，以及一些亟待解决的重要课题方向。第三部分则从更深远的角度讨论元宇宙有可能带来的社会问题，包括道德、信任、安全和建设问题，帮助读者从另一个视角了解元宇宙的影响和挑战。

本书层次分明且提供了多个视角，方便不同群体阅读和了解元宇宙。

刘利刚

刘利刚，中国科学技术大学教授、博导。于2001年在浙江大学获得应用数学博士学位，曾在微软亚洲研究院、浙江大学、哈佛大学工作或访问。从事计算机图形学研究，已在该领域期刊 *ACM Transactions on Graphics* 上发表论文30余篇。曾获得“微软青年教授”奖（2006）、陆增镛CAD&CG高科技奖一等奖（2010）、国家自然科学奖二等奖（2013）等奖项。负责创建图形学在线交流平台GAMES。

序言一

31 年前，也就是 1991 年，我清楚地记得《科学美国人》（*Scientific American Magazine*）发表了一篇封面文章，题目是《人类如何在赛博空间（Cyber Space）中工作、娱乐和发展》。前一段时间重新翻阅时，我惊奇地发现 31 年前这本期刊上所讲的一切在今天都变成了现实。当然，我也关注到当年发表这些文章的都是一些大家，比如说互联网之父温顿・瑟夫（Vint Cerf）、普适计算之父马克・维瑟（Mark Weiser）、著名的 MIT Media 实验室创立者尼古拉斯・尼葛洛庞帝（Nicholas Negroponte）。Negroponte 是 1996 年出版的《数字化生存》这本书的作者。这些大家实际上在 31 年前就预言了今天的现实。

2020 年我预感到 2021 年是元宇宙的爆发之年。我们团队的周鹏远博士与香港科技大学许彬院士团队合作了一篇有关元宇宙的英文综述论文，其中对元宇宙的关键技术和生态进行了系统的总结和阐述。这篇论文比 Facebook 更名为 Meta 还要早，迅速吸引了学术界的注意。

2022年已经来临，祝福大家在元宇宙当中能够找到自己的价值，找到自己的快乐，找到自己的存在。我也特别感谢参与本书编写工作的周鹏远博士、许彬院士、李力恒博士等学者。通过这本书我们可以了解专家的见解，知晓元宇宙下一步该着力发展哪些科技以及需要提前关心布局的潜在社会问题。

吴曼青

吴曼青，中国工程院院士，中国工程院副院长，中国科学技术大学网络空间安全学院院长，社会安全风险感知与防控大数据应用国家工程实验室主任。我国数字阵列雷达理论和技术体系的奠基人和引领者。自主创新了数字阵列技术，推动雷达体制的持续创新，成功研制国际领先水平的空警500预警机雷达，推动合成孔径雷达技术与应用实现重大突破，积极推进网络信息体系及其相关技术的创新发展和实战应用。获国家科技进步一等奖2项，国家科技进步二等奖2项。

序言二

元宇宙（Metaverse）一词最早可追溯到 1992 年尼尔•斯蒂芬森（Neal Stephenson）发表的科幻小说《雪崩》（*Snow Crash*）。这部小说以物理世界之上无所不在的虚拟世界为特征，描绘了主人公及其化身生活在一个物理－虚拟混合世界里。人们可以在这样一个融汇的世界里做各种事情。比较常见的例子包括与同事远程协作、与朋友聚会、一起体验虚拟活动（如参加演唱会、购物）等。也就是说，来自网络空间的多元化的数字或虚拟内容将逐步渗透到3D环境中，超越我们现有网络空间的2D画面。

该小说想象的世界与马克韦瑟在 1991 年提出的普适计算愿景相吻合：计算服务将嵌入我们生活的各个环节，用户可以在任何时间、任何地点访问虚拟内容。有了这样一个令人信服的愿景，在过去 30 年中，通过包括笔记本电脑、智能手机、物联网和智能可穿戴设备在内的蓬勃发展的计算设备，普适计算得以发展。与此同时，根据 Milgram 和 Kishino 的现实－虚拟连续体设想，目前的网络空间已经发生巨大的变化，前沿的尝试是通过增强现实（AR）和虚拟现实（VR）等虚拟环境来为人类用户提供服务和数字体验。虽然目前还没有人能够准确说出元宇宙实现时会提供什么，但最近的相关应用的确有可能作为沉浸式用户体验的主要测试平台。例如，*Pokémon GO* 已经成为移动设备上非常受欢迎的 AR 应用（该应用拥有高达 10 亿次的下载量），而 Google Cardboard 则为大众带来了 VR 多媒体（例如 YouTube VR）。

值得注意的是，从 2019 年开始的新冠肺炎疫情，可以说是史上最广泛的“实验”之一——进一步向虚拟环境迁移的各种生活功能能否被人们所接受。目前看来人们是可以广泛接受的。一些技术巨头，比如 Meta 公司和 Microsoft 公司，通过价格实惠的 AR 和 VR 的普适设备，将虚拟协作环境推到广大用户面前，其中包括普通消费者和企业。尽管扩展现实游戏和社交空间已经存在了数十年，但新冠肺炎疫情将虚拟世界的发展推到最前线，激发了数百亿美元的新投资，并促使人们预测元宇宙是“互联网的未来”或“下一个互联网战场”。AR 和 VR 的支持者创建了更复杂和身临其境的 3D 在线环境，声称其快速发展肯定会对教育、医疗保健、游戏和娱乐、艺术、社会，以及其他的方方面面有所帮助。他们相信在人们的体验中融入更多的数据，开发人工智能（AI）辅助技术，创造新的空间体验，能够让他们的生活更加丰富多彩。很明显，这些新的领域和任何数字技术一样，都有健康问题、安全问题、隐私问题以及经济问题。

因此，我们预见下一步以沉浸式为特征的网络空间发展必须考虑主要驱动技术将会取得怎样的进展。本书作者对元宇宙的未来可能与挑战进行了技术层面的探讨。全书从三个层面循序渐进地带领读者进入元宇宙的世界。首先，作者对元宇宙的主要概念和技术生态进行了全面、简明的介绍，带领读者对元宇宙的整体进行了一次全面、简明扼要的了解。其次，作者对几个关键的研究方向进行了较为深入的剖析，包括空间设计感、计算机视觉、边缘 / 云、操作系统等，这些在同时面临诸多挑战的元宇宙中都是非常重要的支撑技术方向。作者在叙述相关技术方向的同时，根据自己的科研积累，列举了一些相关的研究成果，以帮助读者开拓思路，并帮助相关实践者对重要的课题方向进行进一步的挖掘。最后，对于元宇宙可能产生的社会问题，作者从更深远的角度进行了探讨。

陈绪

陈绪，阿里云技术战略总监，主要负责战略规划、技术生态、投资评估、前沿技术等方向。同时任中国开源软件推进联盟常务副秘书长，从事开源软件工作超20年，对云计算产业有较深刻理解。过往经历主要涵盖开源社区、市场合作、战略规划、投资分析等。曾任Sun中国工程院工程师、北京泰宇科技技术总监、英特尔云计算战略总监等职。师从中国科学院高庆狮院士，2002年毕业于北京科技大学信息工程学院，获工科博士学位。2012—2014年在清华大学经济管理学院学习，获EMBA学位。

前言

元宇宙是个非常宏大的概念，与一般的技术甚至领域不同，元宇宙更像是一个多个领域、无数技术的超级集合体，是一个大的生态。它的前身可以算是当今的赛博空间或者网络空间。不同于当前的网络空间，元宇宙将用户吸入空间中心，用户不再是网络空间数据的旁观者，转而成为直接“生活”在数据中的生存者。通过沉浸式体验，用户可以在元宇宙中同时体验到现实世界和数字世界的二元性。元宇宙将带来全方位的网络、媒体变革，以及无法估量的新兴市场。元宇宙不仅是一个技术生态，更是一个重要的社会问题。因此，它的形成必然要经历长期的技术积累、多个领域的协作、产业链全体的努力。当整个链条不再具有明显的短板时，才有可能呈现出真正的元宇宙。目前，由于链条本身还不完整，再加上短板众多，我们能看到的只是元宇宙的一些碎片。

从 2021 年 Facebook 改名 Meta 开始，元宇宙风暴席卷全球，伴随而来的是各种各样的声音。相关的论文、书籍大量涌现，从业者试图从各个方向、各个领域抢占高地、争夺话语权。商业当然是首当其冲的主战场，因此相关的新闻、书籍也最多。作为学术科研人员，我们认为，元宇宙方向是大势所趋，积极推进相关方向已是时不我待，分秒必争，但同时，要冷静客观，稳扎稳打，以技术创新为根本推动力，以用户需求为根本导向，从实事求是的角度不断向前发展，才能创造良性的产业氛围。

其实元宇宙的核心方向如虚拟现实、增强现实、混合现实的相关产品、科研已经进行多年。尤其是Google公司在2012年推出Google Glass之后，很多科研人员投身其中，创造了很多吸引人的硬件和软件技术。再加上几大互联网巨头的坚持投入，造就了今天元宇宙的发展基础。这个过程并非一帆风顺，甚至可以说是一波三折，比如增强现实眼镜由于存在各种技术挑战和瓶颈，不断经历从刚推出时的大热，到用户使用一段时间后的抱怨，市场开始冷静，再到下一轮新产品推出，市场再次受到关注，循环往复。这个过程有点类似人工智能技术的发展过程。革命性的技术发展总是会经历起起伏伏，无数从业者的努力加上一些机遇，才能实现最终的成功和推广。

因此，与目前浮躁的声音相比，我们希望“冷静”一点，写一本从学术角度概述元宇宙的书。与其他方向相比，元宇宙学术方向的书籍少之又少。究其原因，一方面，可能是学术研究的大部分成果以论文形式呈现，更能带给研究人员反馈；另一方面，可能是从学术角度很容易将问题讲得过于复杂，超出大众读者的接受范围。因此，本书力争用日常语言将元宇宙的一些技术层面向大众展示。本书结合了多位国内外相关领域专家的见解，由浅入深，在保有一定的专业深度的同时兼顾针对大众的广泛普适性，可以帮助广大读者了解元宇宙的前世今生、支撑技术，也可以帮助相关专业人士把握元宇宙的重要发展方向。

内容结构

本书内容可以分为三个部分，分别是概述、元宇宙关键技术以及元宇宙的社会问题。在第二部分和第三部分中，每章讲述元宇宙的一个子方向。这样设置的目的是让读者对元宇宙有一个全面了解。我们尽量减少理论叙述，更多结合实际应用讲解技术梗概，帮助读者逐步全面认识元宇宙。

第一部分：概述

第一部分概述了元宇宙涉及的重要技术、生态和发展，将读者快速地带入元宇宙世界，了解元宇宙的重要知识点。这一部分对各个要点点到为止，方便读者快速了解元宇宙。

第二部分：元宇宙关键技术

第二部分由浅入深，从人城交互、空间体验、计算机视觉、边缘计算和系统 5 个方面介绍了元宇宙的关键技术。第 2 章介绍了在元宇宙时代城市和人类的沉浸式互动。第 3 章和第 4 章分别介绍了实现沉浸式体验的空间尺度体验设计和关键计算机视觉技术。第 5 章和第 6 章分别从边缘计算和系统层面介绍了元宇宙的搭建和实现。

第三部分：元宇宙的社会问题

第三部分拓展到元宇宙的社会问题。第 7 章概括元宇宙对生活、隐私等方面的影响。第 8 章结合可信人工智能讨论元宇宙的可信问题。第 9 章讨论元宇宙中的恶意用户和检测问题。第 10 章从现实生活的人类流动模拟推演城市发展中获得启发，讨论如何高效地构建元宇宙。

读者对象

本书适合以下读者群体：

- 元宇宙相关公司的技术团队成员；
- 开设相关课程的高校本科生、研究生和教师及科研机构的科研人员；

- 对元宇宙感兴趣的相关机构及政府工作人员；
- 元宇宙相关产品的用户和爱好者。

阅读本书的建议

- 对于元宇宙没有了解的读者，建议从第一部分按顺序阅读。
- 对于元宇宙相关方向的从业者，建议首先阅读第一部分，之后根据兴趣和需求重点阅读其他章节。
- 对于本科生、研究生、科研人员和教师，可以根据研究兴趣方向阅读相关章节，并结合参考文献拓展阅读。
- 相关机构、政府工作人员可以重点阅读第一部分和第三部分，了解元宇宙的整体脉络和社会问题，以帮助提前布局。

勘误和支持

除封面署名的作者以外，参加本书编写工作的还有 Simo Hosio、王林、Tristan Braud、Carlos Bermejo、陈阳和李勇。由于作者的水平有限，加之编写时间仓促，书中难免会出现一些错误或者不准确的地方，恳请读者批评指正。如果你有更多的宝贵意见，欢迎通过出版社与我们取得联系，期待得到你们的真挚反馈。

致谢

首先要感谢 Pan Hui 教授，是他在我博士期间后半段和博后期间对我的指导，带领我走上元宇宙之路。

感谢吴曼青院士的大力支持，是他促成了我们的相关活动和这本书的诞生。

感谢每位作者的帮助，他们在短时间内完成并多次修改书稿。

感谢出版社的编辑老师，在这半年的时间中始终支持我的写作，你们的鼓励和帮助引导我能够顺利完成全部书稿。

最后感谢我的爱人 Ada 和父母，你们时时刻刻为我灌输着信心和力量！

谨以此书献给我最亲爱的家人，以及众多热爱元宇宙的朋友们！

周鹏远

资源与支持

本书由异步社区出品，社区（https://www.epubit.com）为您提供相关资源和后续服务。

提交勘误

作者、译者和编辑尽最大努力来确保书中内容的准确性，但难免会存在疏漏。欢迎您将发现的问题反馈给我们，帮助我们提升图书的质量。

当您发现错误时，请登录异步社区，按书名搜索，进入本书页面，单击“发表勘误”，输入错误信息，单击“提交勘误”按钮即可，如下图所示。本书的作者和编辑会对您提交的错误信息进行审核，确认并接受后，您将获赠异步社区的 100 积分。积分可用于在异步社区兑换优惠券、样书或奖品。

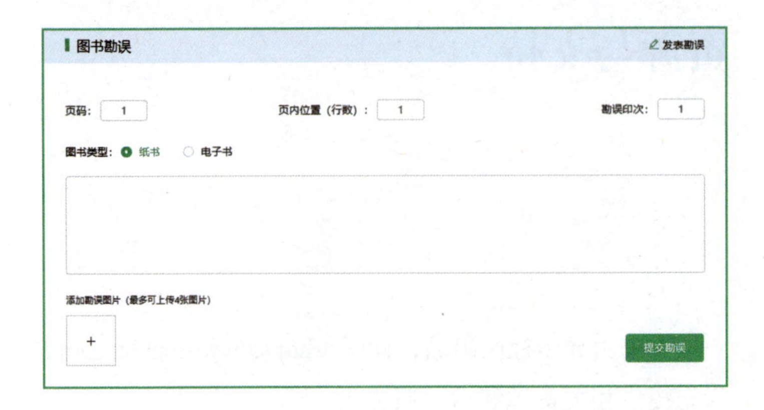

扫码关注本书

扫描下方二维码，您将会在异步社区微信服务号中看到本书信息及相关的服务提示。

与我们联系

我们的联系邮箱是 contact@epubit.com.cn。

如果您对本书有任何疑问或建议，请您发邮件给我们，并请在邮件标题中注明本书书名，以便我们更高效地做出反馈。

如果您有兴趣出版图书、录制教学视频，或者参与图书翻译、技术审校等工作，可以发邮件给我们；有意出版图书的作者也可以到异步社区投稿（直接访问 www.epubit.com/contribute 即可）。

如果您所在的学校、培训机构或企业想批量购买本书或异步社区出版的其他图书，也可以发邮件给我们。

如果您在网上发现有针对异步社区出品图书的各种形式的盗版行为，包括对图书全部或部分内容的非授权传播，请您将怀疑有侵权行为的链接通过邮件发送给我们。您的这一举动是对作者权益的保护，也是我们持续为您提供有价值的内容的动力之源。

关于异步社区和异步图书

“异步社区”是人民邮电出版社旗下 IT 专业图书社区，致力于出版精品 IT 图书和相关学习产品，为作译者提供优质出版服务。异步社区创办于 2015 年 8 月，提供大量精品 IT 图书和电子书，以及高品质技术文章和视频课程。更多详情请访问异步社区官网 https://www.epubit.com。

“异步图书”是由异步社区编辑团队策划出版的精品 IT 图书的品牌，依托于人民邮电出版社几十年的计算机图书出版积累和专业编辑团队，相关图书在封面上印有异步图书的 LOGO。异步图书的出版领域包括软件开发、大数据、人工智能、测试、前端、网络技术等。

异步社区

微信服务号

目录

第一部分　概述

第二部分　元宇宙关键技术

第三部分 元宇宙的社会问题

第一部分　概述

第一部分对元宇宙的主要概念和技术生态进行了介绍，带领读者对元宇宙的整体进行一次全面、简明扼要的了解。综合来看，元宇宙的发展涉及三个阶段——数字孪生、数字原生以及物理与虚拟现实共存。当虚实结合的技术更加成熟时，混合现实将逐渐成为新常态。我们总结了构建元宇宙的八大支撑技术和六大生态要素。八大支撑技术包括用户交互、扩展现实、计算机视觉、人工智能 / 区块链、机器人 / 物联网、边缘 / 云、网络和硬件基础设施。六大生态要素包括社会接受度、安全和隐私、信任和责任、内容创作、虚拟经济以及虚拟化身。

第1章　元宇宙生存手册

作者介绍：

许彬（Pan Hui），香港大学学士、硕士，剑桥大学计算机科学系博士，香港科技大学（广州）计算媒体与艺术学域讲座教授兼元宇宙研究中心主任，以及香港科技大学新兴跨学科领域讲座教授，赫尔辛基大学诺基亚数据科学讲座教授。他是增强现实和移动计算领域的专家，也是英国皇家工程院外籍院士、欧洲科学院院士，同时还是IEEE会士和ACM杰出科学家。

1.1 元宇宙概念

元宇宙（Metaverse）一词取自尼尔·斯蒂芬森（Neal Stephenson）于1992年发表的小说《雪崩》（*Snow Crash*）。这本书介绍的元宇宙比较接近今天的虚拟现实，即用户可以通过配套的智能眼镜进入虚拟世界，也可以通过其他设备跟元宇宙中的其他用户化身（avatar，也译作虚拟人）交互。用户在元宇宙里可以进行日常活动，如社交和消费等。

图1-1（a）展示的是2000年左右互联网刚兴起时《纽约客》刊出的一幅漫画。它传达的是“on the Internet, nobody knows you're a dog”，旨在强调当时互联网刚普及，谁都可以使用网络，“即使用户是一条狗也没有人会知道”。图1-1（b）表达的是在元宇宙中，用户可以选择做一只猫，旨在强调用户在元宇宙中可以选择跟现实世界截然不同的生活方式，如“选择猫作为自己的化身来体验猫的生活”。这是一个巨大的转变，即用户不仅可以像今天的互联网一样隐藏自己的真实信息，而且可以更进一步地使用虚拟身份体验别样的虚拟人生。举个比较直观的例子，在元宇宙里，用户好像在玩一款大型的真人游戏，每个用户可以扮演不同的角色。这些角色可以是任何人、物，而其他用户并不知道每个角色后面的真实用户身份。当元宇宙普及时，用户可以在元宇宙中体验另外一种甚至多种在现

实世界中完全没有机会体验的生活，拥有截然不同的生活方式、习惯、内容和经历。这很像平行宇宙和多元宇宙的概念，元宇宙用虚拟世界实现了这一梦想。

（a）“即使用户是一条狗也没有人会知道。”

（b）“在元宇宙，你可以是一只猫。”

图 1-1　在网络世界中用户可以隐藏身份

当然，要实现元宇宙这一庞大复杂的生态系统需要长期的发展和技术积累。通常，我们认为元宇宙会历经三个阶段，各个阶段之间或许会出现重叠时期（见图 1-2）。

元宇宙的三个阶段

1.数字孪生
2.数字原生
3.物理与虚拟现实共存

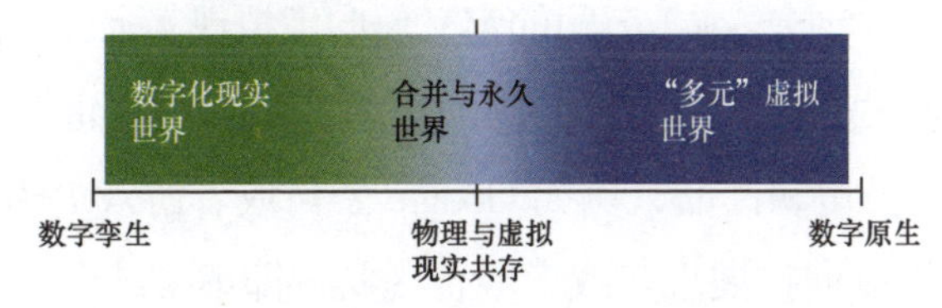

图 1-2　元宇宙的三个阶段

第一个阶段称作数字孪生（digital twin）。此阶段可以理解为现实生活的模拟，即把现实生活数字化、模型化。当然，数字孪生不只是单纯的数字化过程，孪生模型与现实物体间需要保持重要属性的数据关系，而且孪生模型也可以对现实物体本身产生影响。具体来说，数字孪生是一个规模化的虚拟模型，用于准确地反映物理对象以及与对象相关的多样数据，如一个物体或一个系统乃至一套流程。

第二个阶段称作数字原生（digital native）。在此阶段，虚拟世界将产生现实生活中不存在原型的物体。最近，很多艺术家通过 NFT 创作的数字艺术作品就属于数字原生范畴，这些作品只有数字形式而没有实体。另外，目前出现较多的是数字原生阶段的元宇宙建筑，虽然大多暂时停留在二维呈现阶段，不具备沉浸式体验，但依然吸引了不少用户，例如 Decentraland 和 Sandbox 等平台可供用户交易虚拟土地或建筑。

第三个阶段是前两个阶段的混合，即数字孪生和数字原生共存。

目前，关于元宇宙的准确定义众说纷纭，其中，Meta（原 Facebook）公司的定义偏向虚拟现实，因此该公司构建大多数产品的目的是吸引用户进入虚拟世界。其他一些公司和产品，例如 Google 公司或者游戏 *Pokémon GO*，则倾向扩展现实或者混合现实，即虚实结合。我个人的看法是短期内可能会更多地向虚拟世界发展，因为虚拟现实相对而言实现起来更容易，所有的东西全是虚拟的，不需要考虑和现实世界结合的问题。但是 10 ~ 20

年之后，当虚实结合的技术更加成熟时，混合现实将会逐渐成为新常态。届时，大家可能戴着智能眼镜或者拿着手机（手机依然存在，只是形状各异），在现实生活中见到很多虚拟的物体。例如在餐厅用餐，朋友们以化身的形象出现在身边。我认为这是未来人们必须接受的一种生活状态，我把它叫作超现实（surreality）：虚拟个体以逼真的形象完全融入人们的日常生活，达到难辨真假的程度。这也是我认为的元宇宙比较理想的状态。

1.2 元宇宙构建

那么怎样建造元宇宙呢？大致的流程如图 1-3 所示，包括：（1）数字化现实世界（数字孪生）；（2）创作只存在于虚拟世界的内容（数字原生）；（3）现实世界和虚拟世界共存（元宇宙）。首先，把现实世界做数字孪生，产生一个庞大的数字模型。需要再次强调的是，数字孪生是高保真数字模型，而且可以根据具体应用有针对性地保存现实世界的一些重要性质。例如，若要观察风力对建筑物的影响，则可以舍弃建筑内部的桌椅等，只数字化建筑的外形和材料等。如前所述，数字孪生阶段之后将进入数字原生阶段，在元宇宙中创造没有现实世界对应实体的内容。最后，现实世界和（由数字孪生和数字原生组成的）虚拟世界无缝共存。人们走在街上会同时看到真实的街道和虚拟的物体。

（a）现实世界

（b）数字孪生

（c）元宇宙

图 1-3　元宇宙构建过程

在数字原生阶段，数字原生内容需要艺术家、建筑师以及其他各行各业的创作者包括程序员等通过艺术或者代码的方式进行创造。最近出现一个新兴职业——元宇宙建筑师，他们专门负责在元宇宙中帮客户建造房屋，且建造价格不菲，设计并建造一栋大厦大约需要 200 万元。由此可以看出，新的内容创作形式伴随着新的经济活动形式。随着元宇宙的发展，我们可以预见多种多样的经济活动。

1.3 元宇宙特性

至此，很多人关心的一个问题是：元宇宙跟现在的虚拟现实、增强现实、扩展现实的区别是什么？例如，Meta 公司对元宇宙的定义比较像虚拟现实，*Pokémon GO* 的定义比较像增强现实、扩展现实，还有一些游戏开发公司认为元宇宙就是一种类似《第二人生》（*Second Life*）或者《我的世界》（*Minecraft*）的游戏。那么元宇宙到底是什么？

我认为元宇宙跟上述技术都有本质上的区别。虚拟现实、增强现实、扩展现实都是具体的科技手段，本身的发展依赖于其他技术，如人工智能、计算机视觉等。而**元宇宙是一个生态系统**，它通过各种技术建立一个多元的系统体系。元宇宙由很多技术和数据构成，而非单一的某种技术——这是元宇宙与增强现实、虚拟现实、扩展现实比较大的区别。

我认为元宇宙的另一个特点是**自我维持**能力。元宇宙在与现实世界交互的同时需要保持高度的独立性，能够独立于现实世界而存在。这就要求它具备自我维持机制，否则可能会快速建立然后快速消失——这并不是我们期待的元宇宙。实现自我维持面临着许多挑战，例如，理论上元宇宙应该支持多个平行虚拟世界中无限数量并发用户的实时体验活动，不过这在技术上很难实现。现在的一些虚拟现实系统，例如Meta公司的Workroom只能支持大概20个并发用户在同一个房间里交互。因为每个用户的表情渲染、实时动作渲染都需要大量算力支持。大量的并发用户实时交互要求足够多的机器和算力，这些都需要足够的资金和坚实的辅助技术支撑。

1.4 元宇宙发展现状

当前元宇宙的发展阶段是什么呢？大约在2004年，我看了《雪崩》这本书，它描述的未来世界跟现在的元宇宙已经比较接近了。更早期的图书，如1984年出版的《神经漫游者》（*Neuromancer*）描述的世界是人通过在大脑中植入设备来连接虚拟世界，但是同一时间只能存在于虚拟世界或者现实世界中的一个。

如图 1-4 所示，时间轴从 1974 年一直延续到 2022 年。以时间轴为分界线，轴上方是元宇宙相关的产品、应用或者其他内容，轴下方是各种相关的技术。20 世纪七八十年代，计算机还未普及，但元宇宙的雏形已经出现在文学作品中。20 世纪 80 年代末到 90 年代初，个人计算机和计算机图形学的出现催生了文字交互游戏。随着计算机图形学的发展，交互界面的内容越来越丰富。20 世纪 90 年代末到 21 世纪初期，在线大型多人游戏如《第二人生》《我的世界》等开始风靡世界。当时《第二人生》的同时在线用户规模有数十万。从 2000 年开始，随着互联网的普及、智能手机的发展，以及最近几年区块链、加密货币、虚拟现实、增强现实等技术的发展，*Pokémon GO* 等更加沉浸式体验的应用逐渐出现。

2021 年被称作“元宇宙元年”。但其实在 2021 年之前，元宇宙相关的科技如虚拟现实、增强现实就已经积累了多年，并非突然冒出来的。那为什么 2021 年突然开始大火呢？我认为其中关键的催化剂之一是 NFT——它促进了数字资产确权的保障，进而催生出迷恋猫等数字经济交易平台。目前，元宇宙仍处于早期发展阶段，生态还很不健全。理想情况下，我们希望科技创新可以优化用户的使用体验，例如让用户更方便快捷地进入虚拟世界（不需要配备设备），增强感知体验（五感皆有），同时解锁元宇宙的隐藏功能。

《龙与地下城》
《神经漫游者》
AberMUD
DiluMUD
《雪崩》
Active World
《网络旅行者》
《第二人生》
《我的世界》
Pokémon Go
VR Chat
Super Mario AR
《迷恋猫》
《外星世界》
文学
基于文字的交互游戏
虚拟世界与大型多人在线游戏（MMOG）
智能手机和可穿戴设备上的沉浸式虚拟环境
元宇宙的新时代
年
1974年
1984年
1987年
1990年
1992年
1995年
1996年
2003年
2011年
2016年
2017年
2017年
2017年
2020年
PC
计算机图形
大规模互联网使用
触摸屏智能手机
加密货币/区块链
增强现实
虚拟现实/控制器
元宇宙的关键里程碑
代表科幻书籍
商业市场中的新技术

图 1-4　元宇宙发展历程

图 1-5 总结的相关科技产品的发展版图可以帮助我们更清晰地认识当前元宇宙在各个方向有哪些应用和产品以及在哪些方向还有待发展。

横轴是内容丰富程度，从左到右内容性逐渐增强。最左侧是文字内容（如短信等应用），然后是图像内容（如拍照等），再往右内容逐渐多元化，出现音频、视频、游戏等，最右侧是现在的虚拟现实、混合现实，其发展顺序也基本上遵循时间轨迹。

纵轴是用户体验和参与度。最下方是简单的读写操作，没有个性化体验。注意，Zoom、腾讯会议等视频会议软件本质上也是读写体验，只是内容形式较基本的文字读写应用更为多元，但是所有用户接收到的内容几乎都是一样的，同样没有太多个性化体验，因此和短信一样同属于比较初级的用户体验。增强用户体验首先要关注用户的个性和特性，提供个性化服务。例如 Netflix 根据用户的观影习惯做个性化电影推荐。*Fortnite* 是一款很出名的 VR 游戏，用户可以个性化地选择自己的化身。更进阶的用户体验增强是通过允许用户原创内容来提升参与度。例如 YouTube 用户可以上传自制视频，而不只是浏览网站发布的视频。再高阶的手段是建立用户社区。因为人类作为群居动物，天生喜欢社交，所以通过建立社区可以更好地维持用户参与度，提升用户体验感。例如抖音等短视频应用以及微信朋友圈的用户参与度和黏性就比前述应用更高。

体验二次元		有待进一步研究的网络空间（进入元宇宙的机会）								
作为社区的社会	推特	Instagram	Clubhouse	抖音	*Animal Crossing*	《第二人生》	VR Chat	XSight	*Pokémon Go*	大学
内容创作	Medium	Pixlr	Adobe Audition	YouTube	*Super Marlo Maker*	Roblox	Quill	Adobe Aero	BIM	轻质黏土
个性化	Xanga	美图秀秀	Spotify	Netflix	*Diablo*	*Fortnite*	VR Commerce	宜家家居	AR谷歌地图	购物
读写	短信	APP	彩信	Zoom	*S. Mario Bros*	*Simcity*	节奏光剑	Skype	AR翻译	麻将
	文字	图像	音频	视频	游戏	虚拟3D	虚拟现实	混合现实	增强现实	物质、精神

图 1-5　元宇宙的发展版图

在图 1-5 的顶部空白区域，体验二元性是目前亟待发展的领域，即虚实融合的无缝体验。正如电影《黑客帝国》中 Morpheus 问 Neo 的问题："What is real"（什么是真实的）。在电影中，人们无法分辨是处在现实世界还是虚拟世界，我们希望元宇宙也可以达到难以分辨、虚实融合的程度。

另一个有待重点发展的方向是元宇宙中的数字原生内容的保存机制和系统。现实生活的内容创作可以保存在博物馆或者图书馆中。元宇宙需要类似的机制以保存文创作品，如元宇宙博物馆、元宇宙图书馆等。同时还需要元宇宙博物馆工作人员、元宇宙历史学家从事相关的文创整理存留工作。这也是为了满足前面提及的自我维持机制方面的要求。

1.5 元宇宙支撑技术和生态要素

本节将介绍一些科技与生态系统的内容，更多的技术细节参阅后面的章节。如前所述，我把元宇宙定位成生态系统，它的发展需要多种具体技术支撑，只有支撑技术达到硬性指标才能实现理想状态的元宇宙体验。我们在之前的工作[1]中总结了八大支撑技术和六大生态要素（见图 1-6）。八大支撑技术包括用户交互、扩展现实、计算机视觉、人工智能 / 区块链、机器人 / 物联网、边缘 / 云、网络和硬件基础设施。六大生态要素包括社会接受度、安全和隐私、信任和责任、内容创作、虚拟经济以及虚拟化身。当然，元宇宙作为一个完整的生态系统可能还需要一些其他的辅助技术和生态要素，上述是我认为元宇宙中最重要的部分。

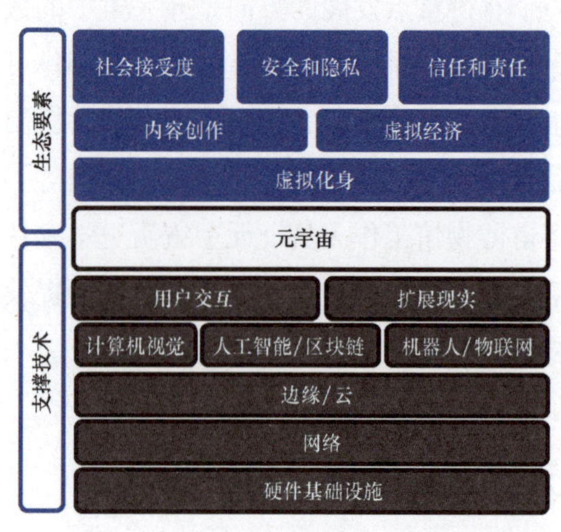

图 1-6　元宇宙的支撑技术和生态要素

支撑技术最顶层的是扩展现实和用户交互。扩展现实中的增强现实可以帮助用户从现实世界无缝进入元宇宙，类似于元宇宙媒介。扩展现实中的虚拟现实可以帮助用户进入完全封闭的虚拟世界。用户交互包括在元宇宙内的用户间交互以及用户和数字孪生、原生内容的交互等。例如，在元宇宙中实现无键盘、鼠标打字，需要用户和数字孪生交互科技来实现；用户跟化身握手，需要更复杂的交互技术以满足用户和虚拟手触碰时的实感体验。这些技术的表现依赖下层科技，如扩展现实使用计算机视觉技术获得所处环境、人工智能和区块链技术实现智能可信的用户交互等。机器人 / 物联网、边缘 / 云和网络有助于提升用户交互和扩展现实的服务范围与性能。本书的第二部分将展开介绍其中的一些关键技术。

建立元宇宙需要支撑技术的同时也需要图 1-6 上半部的“软科技”来构建完整的生态系统。例如用户、艺术家或者建筑师在元宇宙里进行文创工作时，可以通过虚拟化身的形象出现，利用内容创作技术来创造数字作品。经济活动是维持生态系统持续发展的必要因素，元宇宙虚拟经济的发展可以满足用户希望在虚拟世界中获取财富的期待，其中部分经济收入也可用于元宇宙的运维服务。道德方面的考量对元宇宙的稳定发展同样至关重要。因为虚拟物体比现实物体更难管控，例如，如果用户的化身没有相应的限制，可能会出现有一定危害的自定义外表和不规范行为举止。元宇宙最终能否普及很大程度取决于社会的接受程度。

最近几年，Meta 公司频繁爆出数据泄露的传闻，泄露的数据大多是用户的隐私数据。类似的问题到元宇宙时代可能会造成更严重的后果。当用户借助智能眼镜或者其他可穿戴设备进入元宇宙时，这些设备会采集用户的生理数据并储存在元宇宙中，如肌电设备会采集肌肉和神经的信号。这些数据附带很高的商业价值，如何保障这些隐私不外泄或者被运营商倒卖？这些问题的影响深远，同时也是元宇宙最终能否被大众接受的关键因素之一。在信任和责任方面，元宇宙也面临很多挑战。现实生活中，人们通过一些合作或接触达成和他人或机构间的信任。到了元宇宙时代，如何对不知道真实身份的化身建立信任？若恶意用户仿制别人的化身实施犯罪，如何归责？化身的原用户需不需要承担责任？通过什么机制去确认责任？在搞清楚这些“软科技”问题前，贸然建立的元宇宙生态可能会引发很多社会问题。本书的第三部分将对其中的一些关键社会问题展开介绍。

图 1-7 对元宇宙的支撑技术和生态要素进行了更细致的归纳，总结了各项支撑技术和生态要素对应的关键点。人工智能可以实现数字孪生的自动化，产生像《黑客帝国》里的 Agent Smith（Smith 是无用户参与、自主的人工智能，负责追溯犯罪、维持元宇宙里的秩序和运作）。区块链可以参与数据互操作、数据分享、数据确权等。以前，数码艺术发展较慢的主要瓶颈是数字确权，因为数码艺术品可以轻易被复制盗版，失去稀有属性从而快速贬值。现在的 NFT 可以提供数字产品确权，保障正版和作品的稀有属性，进而保障作品价值。

支撑技术（除硬件基础设施以外）	
人工智能	数字孪生，计算机代理，自主的虚拟化身
区块链	数据互操作性，数据共享，数据存储
计算机视觉	定位和绘图，身体和眼球跟踪，场景理解，图像处理
网络	5G/6G，QoS/拥塞控制，QoE，网络切片，网络感知应用，D2D
边缘/云	边缘/云，分布式/联合学习
用户交互	移动输入技术，移动头戴式显示器，用户反馈线索，触觉设备，网真
扩展现实	投影和全息图虚拟现实，增强现实，混合现实
机器人/物联网	物联网，车辆互联，人机交互

生态要素	
虚拟化身	外观和设计，用户感知，人和虚拟化身的交互，在野外的虚拟化身
内容创作	创作，多用户协作，创作者文化，审查
社会接受度	时尚/设计风格，设备，旁观者和利益相关者，文化多样性
虚拟经济	元宇宙商业，虚拟物品交易，寡头垄断，经济治理，所有权
安全和隐私	深度伪造，替代表示，伦理设计，保护数字孪生，生物特征数据
信任和责任	公平和偏见，权力和控制，不透明和透明，审计，治理

图 1-7　元宇宙支撑技术和生态要素细节

扩展现实可以通过相机或者一些其他的输入方法，用图像、音频甚至气味来增强用户对现实的感受。2021年，扩展现实领域获得了一些突破性的工作进展，实现了用全息投影呈现高保真影像，不需要借助显示设备或者眼镜，就能直接在空间中看到影像的效果。如图 1-8 所示，图中右侧的全息影像采用飞秒激光技术，相较纳秒激光更为安全，而且手触动影像时能产生轻微的触感，增强用户体验实感。这些技术可以用来创建按钮或其他交互式全息控件。

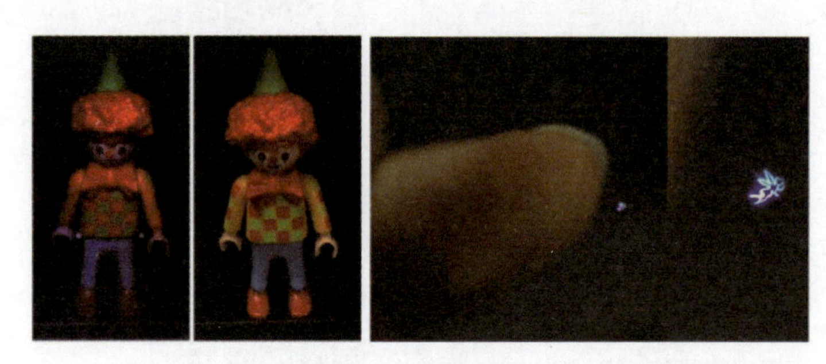

图 1-8　全息影像

同时，扩展现实支持多人交流、协同创作。如图 1-9 所示，多位艺术家穿戴多种设备，通过手势、文字、语音等进行交流，实现协同创作。这里只简要介绍几种科技和生态要素，更多信息欢迎查阅我们的论文（参见本章的参考文献）。

图 1-9 协同创作

1.6 团队成果

显示技术的持续快速发展可以让人们在不远的将来看到更多的虚实沉浸式结合体验变为现实。图 1-10 展示了我们团队的一项成果，该成果实现了在虚拟环境中通过手势进行无键盘打字。图 1-11 展示的是用手拖动文档在设备间传送的功能，包括把文件拖动到投影仪中播放。

我们在 2021 年 10 月（Facebook 公司改名前）发表了一篇长篇英文论文[1]。该论文全面概括了元宇宙的进展、重点和未来研究方向。截止到本书完稿，这篇论文现在 ResearchGate 上的阅读记录已有 8 万多次。我们同时制作了论文的中英版 PPT[2]，约 150 页，欢迎通过文前的“资源与支持”获取。

图 1-10　增强现实键盘

图 1-11　增强现实文件拖动

1.7　访问

问题 1：（由 Pokémon Go Medium 研究实验室的一位一年级博士生提出）现在学术界跟工业界对元宇宙有

多种多样的定义，您觉得我们在未来是否需要一个广义上统一的定义？

许彬院士：谢谢，我觉得这是一个很好的问题。现在的元宇宙定义可能还处于类似战国时代百家争鸣的阶段，这是一个比较有趣的时期。我觉得目前不太需要一个共识，例如元宇宙应该是一个完全虚拟的世界，还是一个虚实结合的世界。我预计将来会是二者共存：未来进入另一个世界就像现在点击链接进入网站一样，用户可以通过设备自由切换到另一个世界，这个世界可以是增强现实世界（类似 *Pokémon Go* 的游戏），也可以是虚拟现实世界（如《侏罗纪公园》）。未来发展到一定阶段，需要在某些方面达成一定的共识：例如运营商之间的标准——在一个运营商运维的元宇宙世界中的货币在另一个运营商运维的元宇宙世界能否产生效益；或者用户的化身在不同运营商运维的元宇宙世界中穿梭时是否要保持统一形象等。诸如此类的情况需要一些共识来维持元宇宙的秩序和规范。因此，我觉得在某些方面可以在百家争鸣的时代中各自发展，待某些同质化的方面发展到一定阶段时可能需要标准化。这需要具体问题具体分析，不能一概而论。

问题2：大家都关心元宇宙之后会不会像虚拟现实、增强现实一样就火一阵，资本跟风，然后慢慢淡出视野，变成昙花一现？

许彬院士： 这是一个非常好的问题。有一个前例，就像人工智能已经历经起码两三个寒冬，也许现在还正处在另一个寒冬。虚拟现实和增强现实是两种技术的发展，技术发展到一定程度往往就会达到瓶颈，例如几年前，虚拟现实和增强现实的设备、电池、隐私方面的一些瓶颈突破不了，就只能先暂缓，等瓶颈突破了再继续发展。相较而言，我对元宇宙的发展持乐观态度，因为元宇宙是一个庞大的生态系统，不会像具体的某项技术一样遇到瓶颈就只能等待，而是在某方面遇到瓶颈时转而先发展其他方面。而且，现在很多大公司巨资投入研发，Facebook 公司连名字都改了，声称要在欧洲纳入 1 万人来进行开发，所以我觉得他们的投入和决心是很大的。

其实，即使出现瓶颈也不一定是坏事。例如面对一些隐私或道德上的隐患，可能暂缓脚步、思考策略对保持稳定的长期发展是必要的。

问题 3： 当前元宇宙最关键、最需要解决的技术问题，您觉得可能是什么？

许彬院士： 第一是确权，可以用 NFT 的方法来解决。没有确权的保障很难吸引投资者。第二是元宇宙的媒介——虚拟现实和增强现实。虚拟现实相对容易，用户可通过头戴式设备完全沉浸在虚拟空间里，看不到外面的现实世界。这方面目前的重点是设备价格能不能降低。增强现实的技术挑战高一些，特别是电池的技术，增强现实一般适用于移动范围更大尤其是户外的场景，为了满足用户的移动自由，增强现实眼镜必须是无线，续航自然是最重要的问题之一。另外计算机视觉方面的操作表现目前受限于头戴式设备的性能。手机可以负载相对复杂的任务，但是沉浸式体验不如头戴式设备。因此还有很多技术性难题亟待解决。

1.8 小结

元宇宙将进一步促进物质生活在各个方面的数字化转型。虚拟世界将沉浸式互联网视为一个巨大的、统一的、持久的共享领域[3]。技术是推动当前互联网向元宇宙过渡的动力。总体来说，我们认为元宇宙包含 8 种支撑技术：用户交互、扩展现实、计算机视觉、人工智能 / 区块链、机器人 / 物联网、边缘 / 云网络和硬件基础设施；6 个生态要素：虚拟化身、内容创作、虚拟经济、社会可接受度、安全和隐私、信任和责任。

在第 2 部分中，我们将以最广泛的元宇宙存在形式——人类与城市的沉浸式交互为背景，讨论实现沉浸式元宇宙的几种重要技术挑战和可行方案。在第三部分中，我们将讨论一些元宇宙可能引起的重大社会问题及治理方案。

参考文献

[1] LIK-HANG L, TRISTAN B, PENG Y Z, et al. All One Needs to Know about Metaverse: A Complete Survey on Technological Singularity, Virtual Ecosystem, and Research Agenda[EB/OL]. (2021-10-06) [2022-06-30]. https://arxiv.org/abs/2110.053522.

[2] LIK-HANG L, TRISTAN B, PENG Y Z, et al. The Hitchhiker's Guide to the Metaverse [EB/OL]. (2021-11-23) [2022-06-30]. https://doi.org/10.13140/RG.2.2.34955.21287.

[3] LIK-HANG L, PENG Y Z, TRISTAN B, et al. What is the Metaverse? An Immersive Cyberspace and Open Challenges[EB/OL]. (2022-06-07) [2022-06-30]. https://arxiv.org/abs/2206.03018.

第二部分　元宇宙关键技术

第二部分以元宇宙中的沉浸式人类与城市交互（也称“人城交互”）为大背景，展开介绍沉浸式体验涉及的关键技术和面临的挑战，包括输入/输出挑战和解决方案（见第2章）、空间体验设计（见第3章）、计算机视觉（见第4章）、边缘计算（见第5章）和系统设计（见第6章）。其中，输入/输出挑战是当下元宇宙的设备由于硬件限制而引起的一系列重要问题；空间体验设计则是未来为了实现沉浸式体验而必须解决的涉及人文和心理的多元挑战课题；计算机视觉、边缘计算和系统设计则能够从不同的角度为提升沉浸式体验做出贡献。

第 2 章　元宇宙时代下的沉浸式人城交互

作者介绍：

李力恒，香港科技大学许彬（Pan Hui）院士团队计算机博士，韩国科学技术院（KAIST）助理教授，韩国科学技术院增强现实和媒体实验室主任。主要研究方向是虚拟现实和增强现实中的人机交互问题。

2.1 人城交互

我所在的增强现实和媒体实验室主要从事虚拟现实、增强现实与混合现实的相关热点问题研究，例如如何利用虚拟现实技术搭建虚拟会议室以提升远程会议体验，或者给工厂员工配备 AR 智能眼镜，通过增强现实的方式呈现内部零部件以及操作教程。混合现实和增强现实有点类似，更偏重如何通过增强现实设备把虚拟的物品真实地呈现在现实场景中，例如通过增强现实眼镜看 *Pokémon GO* 中的皮卡丘。元宇宙需要融合多种科技，组成高度智能化、人性化的虚拟与现实相结合的社区，这正是我们的努力方向。

作为元宇宙的重要特点之一，现实场景中的沉浸式交互体验备受关注。其中，人城交互是元宇宙未来广泛存在的交互形式之一。当前，很多城市通过数量庞大、种类繁多的传感器收集分布广泛的用户数据，以便进行大数据分析。这些数据平台将成为数字孪生的强力支撑点，有望帮助搭建现实世界和虚拟世界之间的桥梁。

正如众多智能城市数字孪生模型所述，基于对城市中各种传感器收集的数据的分析，人城交互可助力城市用户和基础设施实现跨越现实与虚拟的交互。城市中不断增加的传感器和数据收集，使得众多的新奇应用成为可能。市民可以利用收集的交通、商店和建筑工程等数据进行城市导航；城市工作人员可以评估基础设施的状态，并对预期发生的事件（如交通堵塞、水管或电线破裂、公共设施的功能障碍）提前做出反应；商家可以利用人流数据优化店铺选址，并定点投放宣传广告；政府可以基于汇总的数据调整政策设计，改善城市运行效率。所有的行为者都可以参与数字公民的运作。基于用户数据报告，政府可在城市工作人员的协助下设计更为合理的政策规定。例如，结合某地区高峰期车辆数量的评估，以及经过该地区的联网车辆的数据，政府决定扩宽某条街道、调整边缘计算资源[1-3]或调整红绿灯策略[4-5]。由此可见，智能城市需要不同行为者之间的协作，这些行为者对数据分辨率的需求不尽相同——从实时、精确的数字到回顾性的汇总。总之，数据平台是优化人类与城市交互的必要手段之一。

其他的沉浸式人城交互案例如下。

- 城市档案。使用混合现实头戴式设备观察某座地标建筑，通过虚拟成像技术呈现不同时代的地区景观，感受穿越时空的体验；节假日将一些绚丽的动态视觉效果渲染呈现于地标建筑之上，将城市地标建筑转化为动画娱乐媒体；在城市景观上叠加投放广告的品牌或城市宣传动画；将建筑物墙壁上的静态画作呈现为生动活泼的动态交互对象。
- 工程方面的应用。例如，通过可视化内部结构，工程师、建筑师可以查看城市建筑的内部结构以及水管和电线的位置，方便建造和维修。

- 日常案例。例如一些手机增强现实交互游戏可以把室内的地板变成一个交互的棋盘，通过手机应用下棋。

我们还可以通过手机上的混合现实应用来购物，例如将手机摄像头对准感兴趣的物品，就可以知道在哪里可以购买到，现在包括淘宝在内的一些手机 App 已经部分实现了该功能。

人城交互在计算装备、城市环境和用户之间进行，需要通过技术的手段将三者联系起来。增强现实技术可以满足上述要求，为市民、城市工作人员、商家和政府提供情境感知的数据和可视化的模型。用户可通过各种各样的智能可穿戴设备与城市环境交互，扩展城市计算设备的可用性，并推动空间设计理念在人城交互中的应用。为了保障用户在城市中自由移动时的交互体验，这些可穿戴设备的物理尺寸可以被进一步缩小，变身成智能戒指以及用户上的电子皮肤等。

需要强调的一点是，目前上述场景案例主要依靠手机实现。要实现真正的沉浸式虚拟现实结合体验，需要用可穿戴设备取代手机来实现这些功能，但是，由于可穿戴设备本身的一些特点和限制，目前我们仍面临着很多技术挑战。

2.2 输出挑战

近年来，通过操作元宇宙可穿戴设备（如 AR 智能眼镜），用户可以跳出二维（2D）显示屏限制，在三维（3D）物理空间中感知虚拟影像。比较知名的 AR 智能眼镜有 Microsoft Hololens、Google Glass，以及小米、OPPO、MAD Gaze 等厂商的产品等。用户戴上 AR 智能眼镜后便可看到一个叠加在真实视场（FoV）上的虚拟场景，例如在输入文字时，AR 智能眼镜将显示虚拟键盘或屏幕，用户可以利用手势进行交互操作；在与他人沟通时，AR 智能眼镜上会显示一些辅助文字；在骑车时，AR 智能眼镜会结合现实中的一些路线信息进行导航。

然而，AR 智能眼镜的视场一般非常小，往往需要综合考虑输出和输入，才能够有效利用 AR 智能眼镜帮助人们实现人城交互。如图 2-1 所示，2015 年，AR 智能眼镜的代表产品 Google Glass 只能显示红色方框大小的范围（一两个字的大小），而全图最大的绿色图形则代表人类眼球的视场范围，即人类在真实世界看到的是整个全景，而 Google Glass 只能显示其中很小的一个区域，还不到真实视场的 1/10，这种情况下使用 AR 智能眼镜时会发生什么呢？

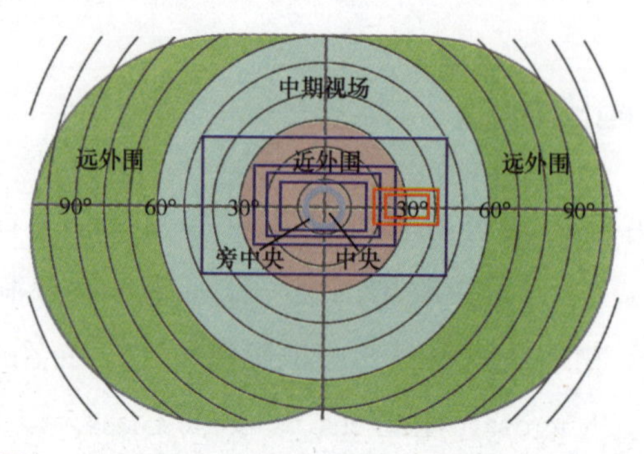

图 2-1 Google Glass 的视场与人眼视场的对比[6]

图 2-2 形象地展现了相关产品（如 Microsoft Hololens2）的宣传效果和用户真实穿戴效果的对比。使用 Hololens2 观看人体图像时，受眼镜视场的限制，用户只能够看到人体的一部分，需要通过上下移动头部才能看见整个人体图像。需要说明的是，虽然 Hololens2 已经在 Hololens1 的基础上增大了视场，但该问题依然存在。

（a）产品宣传效果

（b）与用户的真实视场

图 2-2 相关产品效果对比[7]

当前虚拟现实、增强现实产品的沉浸式体验主要受屏幕可显示的视场的影响。我们提出的解决思路是在有限的视场中呈现用户最感兴趣的信息。这是因为，如果把所有的信息都投放在 AR 智能眼镜里面会引发信息爆炸。一旦显示的内容太多，用户反而看不过来，也看不清楚。如图 2-3 所示，在导航过程中增强现实眼镜通过简单的图标指引用户，这样的效果反而简捷有效。

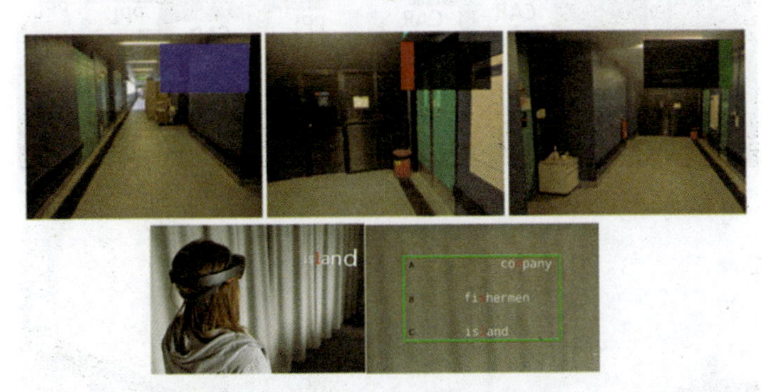

图 2-3　在导航过程中增强现实眼镜通过有限的视场为用户提供服务 [6]

再例如 2022 年很火的技术 AR HUD——一种通过在汽车前挡风玻璃上反射屏幕的增强现实方式来呈现驾驶辅助信息的技术。目前，为了减少对前挡风玻璃的视觉遮蔽，AR HUD 产品的屏幕尺寸设计得比较小。然而小屏幕又会引发信息爆炸的问题。如何选择对驾驶安全最重要的信息且优化呈现，是保障辅助驾驶体验的关键点，如图 2-4 所示。当显示的信息过多时，驾驶员需要分散精力辨别重要信息而导致危险驾驶。因此，AR HUD 产品需要根据信息类别、场景和驾驶状态，帮助快速过滤信息，只留下最重要的信息或者潜在危险信息以呈现给驾驶员，提升驾驶安全和体验。

图 2-4　AR HUD 产品显示所有检测物体（上图中的橙框）与只显示关键物体（下图中的粉框）[8]

沉浸式体验的交互是一个微妙的问题。借用台式计算机的界面设计策略往往不切实际。当将 AR 智能眼镜用于典型的桌面 / 移动应用（如网页浏览）时，更是如此。在智能手机世界中，网站必须适应小屏幕的要求。为了适应越来越多的屏幕尺寸并基于分辨率的各种普适性显示，为网站开发多个版本已被纳入设计工作流

程中。然而，AR 的特殊性迫使我们提出以下问题。

（1）AR 网站的最佳可视化范式是什么？

（2）AR 网站的最佳交互范式是什么？

（3）如何设计一个 AR 网站？

这三个问题相互影响、密不可分。

AR 世界是 3D 的，可以显示的信息几乎是无限的，并且它可以允许显示比传统屏幕更多的内容。我们可以通过将网站的结构扁平化，并在沉浸式环境中一次性呈现出来，从而极大地限制信息交互的数量。也就是说，简化的信息将降低用户交互的成本，例如借助点击和滚动，在适当的情境下让用户更多地参与并进行有意义的交互。此外，为了帮助用户减少手动操作，还可以利用用户所处情境，在适当的地方自动显示网页的时间和地点。例如，当用户站在一家餐厅前时，智能眼镜会自动呈现该餐厅的菜单，而不需要用户用手点击，方便用户快捷体验。

由此可见，信息筛选优化的重要考量之一是用户所处的情境。根据用户实时情境简化信息，可以降低用户交互的操作和精力成本，帮助用户更快地掌握信息。因此，我们需要为用户提供情境定制的智能内容管理和显示系统。早在 2019 年，我们就发明了第一款元宇宙浏览器——M2A。如图 2-5 所示，M2A 是一款专门为沉浸式人城交互筛选内容设计的浏览器。在 M2A 中，OpenRice（一个受欢迎的餐厅评级网站）的网页分布于餐厅的外观之上，这可作为城市中与数字实体进行用户感知交互的示例。用户可以及时、直观、方便地快速查找相关信息。针对沉浸式环境的实际实现，M2A 会自动提取网页的主要元素，并在沉浸式环境中呈现。M2A 还允许 Web 开发人员在现实世界之上优化沉浸式模块的部分。图 2-5 所示的餐厅名为南北小厨，这是香港的一家很受欢迎的餐厅。我们首先嵌入一个虚拟的图层以构成一个实体跟虚拟的交互界面，然后加入情境定制的内容管理和显示解决方案。例如根据当前时间（中午）显示午餐列表，或根据用户籍贯显示不同口味的菜品，如果用户来自四川，就在主页面中显示偏辣的菜品。

图 2-5　情境定制的内容管理和显示解决方案——M2A[9]

M2A 主要用于室内，为了提升灵活性，我们又提出了可以在户外应用的移动增强现实浏览器——A2W。图 2-6 展示的 A2W 将 M2A 和感知现实环境集成到 Web 内容中的推荐服务，以提供由 AR 智能眼镜驱动的沉浸式城市服务。A2W 的一个特点是支持以用户为中心的持续 Web 浏览体验。A2W 根据推荐系统中基于内容的过滤模型建议，将 AR 智能眼镜驱动的 Web 内容可视化。在我们的实验中，用户在 A2W 中使用适应用户情景的 UI 和推荐系统，相比智能手机节省了高达 30% 的时间。此外，A2W 的沉浸式浏览有助于提供推荐信息，从而以超出 Web 浏览方式 40% 以上的效率更快地获取目标信息。

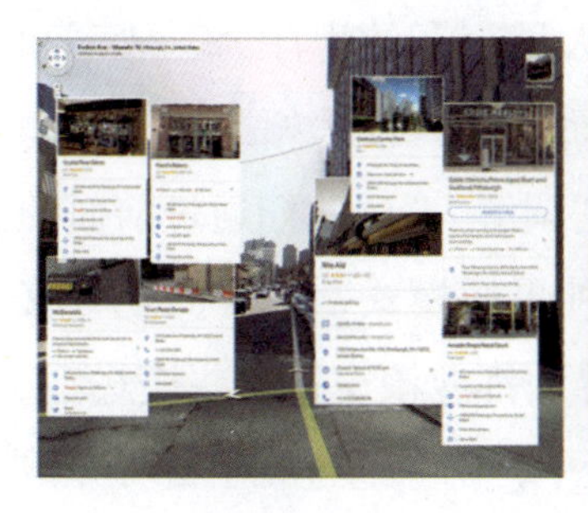

图 2-6 情境动态交互的内容管理和显示解决方案——A2W[10]

AR 智能眼镜显示屏上的情境感知信息组织仅是问题的一个重要部分，而非最终研究目标。只有考虑了城市环境投射到周围真实物体上的内容以及用户的身体运动，新显示模式才可能被广泛采用。现实环境中的内容显示受制于“用户运动、物理表面和多个信息窗口”这三个指标之间的关系，需要综合考量与现实世界活动的兼容性、视觉与身体的协调性以及用户在虚拟世界和现实世界的混合界面上叠加输出的性能。高端 AR 智能眼镜（如 Microsoft Hololens）通过获取空间网状数据来描述现实的物理环境，但扫描这种网状数据的速度是其瓶颈，在用户快速移动时，该空间描述的更新往往跟不上用户的移动速度。一种可能的解决方案是，当用户到达某个可识别的位置时，将城市现实的物理表面作为可重复使用的、可随时调用的空间锚点进行缓存。

综上所述，用户界面设计是智能城市 AR 技术获得更好用户体验的一个关键因素。AR 界面与相应的交互技术可以极大地改进人城交互的生产力、效率和自然性。由于某些智能界面范式和技术相冲突，因此需要一个综合的架构作为“调解人”。我们通过前面的例子介绍了当前流行的几种界面模式，主要的全城移动沉浸式场景的情境感知界面都应该支持这些模式。

在全城移动的城市场景中，用户通过元宇宙可穿戴设备（如 AR 智能眼镜）上的透视显示屏获取视觉信息。AR 智能眼镜为改变人们与智能城市数字实体的交互方式铺平了道路。它通过将虚拟世界与现实世界相融合，以及精心设计的界面实现了许多应用。考虑到城市范围内的应用，AR 智能眼镜应该随时随地有效地显示信息。同时，在城市范围内为用户提供数字信息，还需要一些额外的考虑，例如，行走中查看文本信息或在日常通勤中浏览社交网络图片时，由于行走和通勤时产生的振动，会带动 AR 智能眼镜的显示屏摇晃，从而影响可读性。另外，用户在不同的、不可预测的背景下阅读透视显示屏上的信息时，其注意力会同时被周围的现实对象和虚拟对象吸引，因而，信息显示选择会在人的中心视场和周边视场之间摇摆。如果中心视场被透视显示屏上的数字覆盖物占据，那么用户和城市中的现实环境之间的交互会被打断。因此，周边视场成为在城市场景中保持用户多任务能力的一种选择。除字体、大小等传统显示方式以外，信息显示的其他维度，包括环境对视觉能力的影响、背景管理、用户移动性、通知的时间，都应该被纳入考虑。

另外，周边视场是人类视觉接收信息的一个重要元素，对日常活动如行走、驾驶和运动都很有用。在全城移动的城市场景中，来自周边的视觉线索有助于检测障碍物、避免事故。视场受限的 AR 智能眼镜和 AR 头盔可以在其界面设计中利用这样的特性，以补偿被覆盖的周边视场。市面上一些导航应用会在周边视场中显示通知信息。出于此考虑，信息显示界面可以利用周边视场对运动的高敏感度来向用户提供重要信息，而不分散他们对主要任务的注意力。

AR 隐形眼镜正逐步从实验室走向市场，其像素和分辨率也在逐步提高。虽然结合了 AR 智能眼镜和周边视场设计的各种应用在城市环境中的应用得到提升，但值得注意的是，笨重的眼镜框（如 Microsoft Hololens）会遮挡周边视场，因此用户会对遮挡区域丧失警觉性，对关键情况的反应力也会随之下降。相比之下，AR 隐形眼镜摆脱了周边视场的遮挡，增加了显示周边视场信息的可能性。

除周边视场以外，用户的视觉还受到多种因素的影响，如颜色和光线、尺寸和风格、身体运动引起的晃动，以及视觉不适和疲劳。尽管人们已经提出了许多信息展示方法并研发了优化内容显示的自动系统，但现有的工作主要限制在评估某个单一的因素上。未来研究方向必须综合考虑上述一系列因素，以提升在城市环境中使用的体验。此外，研究设计还要扩展到其他主题，如用于数据展示的视场和图形。考虑到用户可能会在城市范围内的应用中与AR智能眼镜交互，图形和图表会成为主要的决策辅助工具。AR智能眼镜用户可以在实验室或办公室环境中轻松阅读数据图表。然而，在户外或移动场景中，这些图表会在极强的光线下变得难以看清；当条形图叠加在呈现方形背景的透视显示屏上时，用户也会受到艾宾浩斯错觉的影响。在这些情况下，有必要根据背景来调整图表的表现形式，以获得更好的可读性。然而，针对透视显示屏的光学错觉（如虚拟物体的大小和艾宾浩斯错觉导致的数据呈现）的研究工作尚未大规模开展，此功能还未能得到改善。

2.3 输入挑战

除输出方面存在挑战以外，输入也面临着不小的挑战。下面介绍一些沉浸式输入面临的挑战。

在鼠标发明之前，人们与台式计算机的交互既笨拙又耗时。鼠标推进了计算机的普及，鼠标式的点击在2D界面中主导了个人计算机的交互方式。同样，触屏及其交互技术也受到鼠标的影响，导致智能手机交互倾向使用手指在2D界面点击、滑动。然而，AR智能眼镜不再拥有类似鼠标和触摸屏的媒介，因此头戴式设备面临着与早期台式计算机和智能手机类似的问题：用户友好度低，使用和推广受限。

目前，可穿戴设备交互技术的设计灵感主要源于有形且宽敞的桌面界面。然而，在可穿戴计算机上直接采用此类界面会使用户交互变得困难并严重降低使用率。例如，Microsoft Hololens上的手势输入比有形鼠标指向设备慢4倍。另外，沉浸式的输入系统设计非常复杂。如图2-7所示，台式计算机/智能手机与可穿戴设备之间的主要区别在于后者的界面受限程度更高，包括屏幕空间（之前提到的视场限制）、硬件配置、可触摸的实体界面都非常有限。而且必须同时考虑沉浸式人城交互中用户的机动性。一种看似可行的策略是以用户自身作为交互的媒体，以人们已有的习惯、技能、经验和能力作为设计交互界面和技术的核心，缓解可穿戴设备上高度受限的因素。我们已研发出利用指尖的灵巧性的点选系统TiPoint[11-12]，利用记忆中根深蒂固的词典顺序的隐形键盘[13-14]，用手掌当键盘的文字输入（见图2-8）[15]，以及压力控制指环的无人机操作（见图2-9）[16-17]。

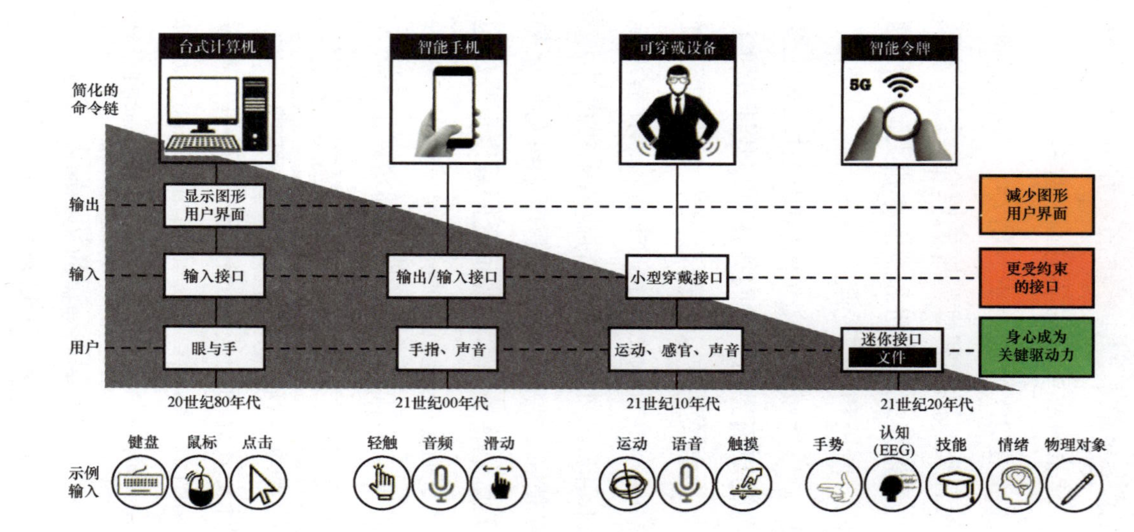

图 2-7　输入设计：迈向以身体为中心和“为移动设计”[6]

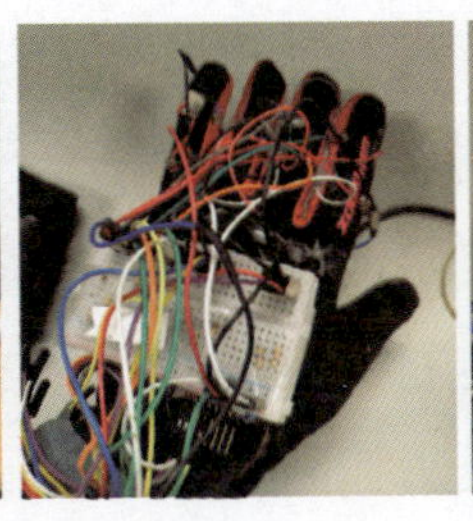
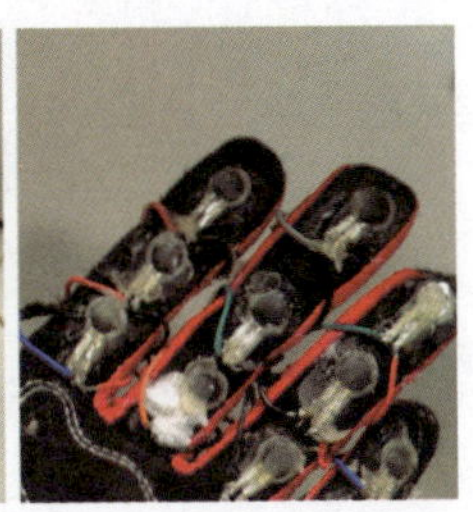

图 2-8　单手文字输入

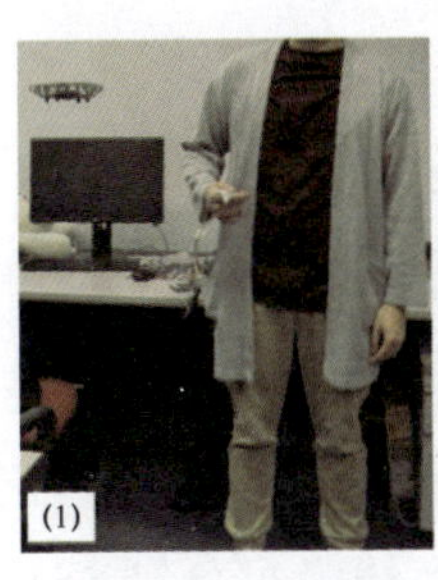

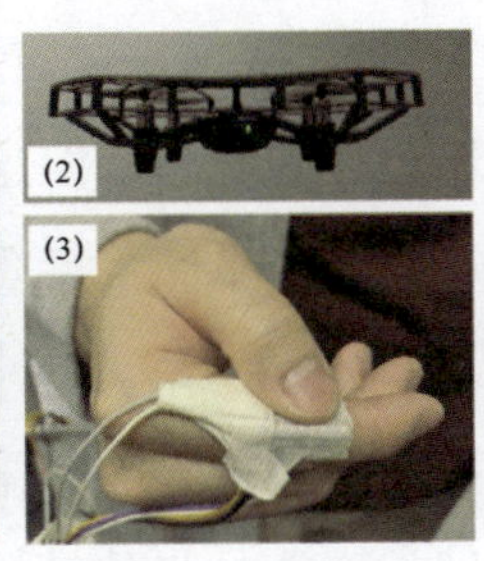

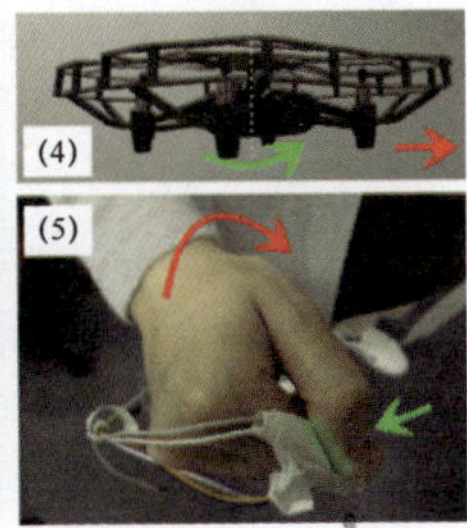

图 2-9　压力控制指环的无人机操作

如图 2-8 所示，我们开发的手套采用由 12 个力敏节点组成的模糊键盘布局。我们首先探索了力消歧的可行性，以评估力谱划分。其次，选择三级力划分来显著减少按键的数量，同时兼顾高准确性。最后，将文本输入性能视为四维优化问题：字符对的优劣、与 QWERTY 键盘的布局相似性、力交互的容易程度，以及拇指触及的舒适度。由此产生的布局平衡了性能和可用性。

图 2-9 所示的压力控制指环可以控制无人机飞行。我们通过压力、触摸和 IMU 三种模式研究单手人机交

互。首先在智能手机上对这些模式的不同组合进行原型设计，然后通过用户实验并根据当下的商业标准对它们进行评估。这些实验帮助我们找到在用户性能、感知任务负载、手腕旋转和交互区域大小之间达到平衡的模式组合。使用单手压力控制指环并搭配 AR 智能眼镜，用户与城市交互时可以用无人机作为自己的替身飞行，从而将视场自由扩展到任意角落。

尽管借助用户自身发展出来的交互技术提供了诸如高机动性以及直观交互的便利，但这些沉浸式交互技术的关键问题是输入频宽明显低于传统设备（如鼠标和键盘）。这个问题可以通过定义一个对比输入速度的指标来说明——可以考虑采用每分钟可输入的字数来进行评估。具体来说，日常说话的平均速度约为每分钟 153 字，键盘打字的平均速度约为每分钟 100 字，而增强现实方法的输入速度可能不到每分钟 20 字（如图 2-10 所示）。因此，如何提高输入频宽是一个亟待解决的问题。在先进材料或感应装置技术突破前，微型界面允许用户在增强现实中精确地指向和选择目标，但是长期使用会迅速让用户感到疲劳。此外，如前所述，我们预计此类界面仍与其他更传统的界面（如触摸屏和有形键盘）存在显著的性能差距。因此，需要为大容量输入提供替代的交互方法，语音输入可以成为与这种频宽有限的交互技术相辅相成的候补技术。

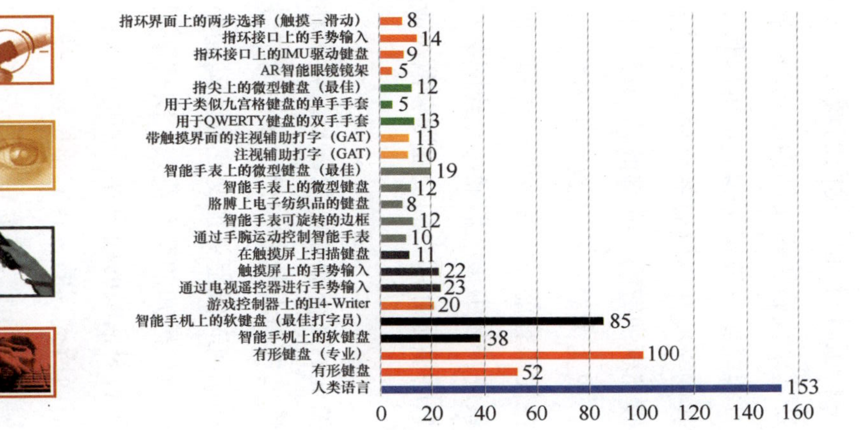

图 2-10　不同方法的输入频宽对比[6]

2.4 用户情景的感知框架

在过去的几十年里，我们的城市已经从单纯的混凝土和钢铁基础设施逐步发展为“网络 - 物理”混合实体。起初，智能城市被定义为城市机构利用通信技术与用户进行数据交换并提供服务。如今，城市正变得比以往任何时候都更加智能。众多的移动设备和物联网对象相互连接，成为人类用户与数字实体交互的关键媒介。这种普遍性使得智能城市被视为一个单一的大规模分布式计算机系统，其中传感器通过无线网络与计算单元相连，而信息的显示和用户的交互则分散在成千上万台设备中。

随着商业 AR 智能眼镜的普及，界面和交互技术在未来几年将呈现根本性的变化。城市的沉浸式环境将演变为比以往任何时候都更加交互和生动的系统。我们呼吁建立一个情境感知的交互范式，支持微型的多模式界面，并伴随着对话式的用户界面来支持这种交互系统。

正如前面所提到的，我们预见到这种界面与传统界面（如触摸屏）相比仍然有很大的性能差距。因此，还需要其他的交互方式来处理大量的输入，例如对话式的用户界面（Conversational User Interface，CUI）可以与当下有限频宽的交互技术互补。为了提升 CUI 的用户体验，我们提出了以下三点亟待改善的缺陷。

第一，即使用户在对话中没有得到想要的答案，对话代理的回应也不能被打断。

第二，对话代理只对用户当前的问题做出回应，这意味着之前的问题不能与当前的问题构成一个持续的对话。

第三，界面不如图形用户界面（Graphical User Interface，GUI）透明，而且使用黑盒子一样的对话代理的用户不能明确知晓其功能和最大的范围。

我们希望通过城市智能和判断对话语境，使得 CUI 在上述三个方面变得更加自然。

由于沉浸式内容旨在整合现实世界与虚拟世界，因此在沉浸式界面设计中，应该考虑 AR 智能眼镜的视场局限和用户的认知负荷，以及受用户周围社交环境打扰的可能性。图 2-11 说明了微型界面和语音输入的互补作用。这些并行技术可以通过图中的用户情景感知框架有效地结合在一起，利用城市系统进行以用户为中心的交互，通过可穿戴设备为人与城市的交互衍生出有洞察力和实用性的设计。在该框架下，我们可以探索微型界面和语音输入的交互设计空间，以设计更有效、更实用性的人城交互系统。这种用户情景感知框架可以进一步推动多模式交互，即从一种模式到另一种模式的转变可以通过具有用户情景感知的智慧决策来支持。

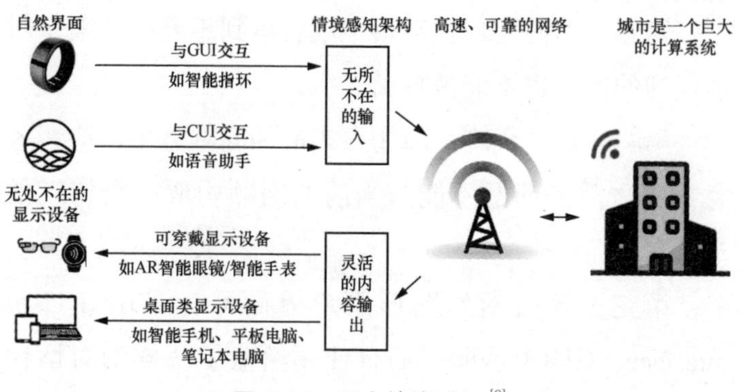

图 2-11　用户情境感知 [6]

另外，用于人类与城市交互的增强现实需要大规模的部署。应用不再局限于一个地方，而是覆盖整座城市的景观。因此，我们认为智能城市是一个单一的大规模系统。这个系统的各个组成部分通过高速无线网络连接，系统的网络能力可能成为其主要的瓶颈之一。根据城市系统的内部结构，单点的低网络带宽或高延迟会大大降低整个系统的性能，这好比一个低速硬盘会大大降低台式计算机的感知操作速度。

2.5 展望

在人城交互的基本应用中，沉浸式内容也常常受到诸如 AR 智能眼镜等轻量级可穿戴设备的算力限制。例如，图像识别需要基于大量的特征点数据库或资源密集型的模型，这些模型无法嵌入到资源有限的AR智能眼镜中。智能城市交互的数据量非常大，因此需要大规模的情境感知为用户智能地显示数据。通常，人们考虑将计算置于远程计算机中来解决这些问题。当AR智能眼镜仅保留一个轻量级的界面时，用户通过网络与城市系统的交互将遭遇不可避免的延迟；当情境感知的范围扩大到数千平方千米时，更会产生不可忽视的网络延迟问题。

此外，在使用不同的应用时用户对各方面性能的优先级排序不同。例如，在观看流媒体视频时，用户倾向于选择流畅但质量有所下降的视频，而非不稳定的高质量视频。AR在很大程度上依赖于检测标记、物体以及摄像机视频馈送的上下文（情境）线索来固定其位置。这些界面需要及时交互以获得无缝的用户体验，并且体验感可能会随着用户输入和相应反馈之间的延迟而迅速变差。

最后，还应考虑日常生活中人们之间的对话营造的上下文（情境）感知——用户有将“这个”和“那个”映射到某些物体的习惯，因此智能界面也需要应用上下文（情境）感知来实现直观的操作。然而，上下文（情境）的细微变化以及网络延迟完全有可能扭曲用户的意思。

我们相信，具有高度情境意识的AR可以作为连接智能城市和人类的窗口。与在传统的WIMP〔window

（窗口）、图标（icon）、菜单（menu）、指针（pointer）]范式的基础上构建二维用户界面不同的是，AR 中的工作台被分散成几个与现实世界的背景密切相关的覆盖层。例如，通过将数字界面与现实物体绑定在一起，与视觉界面和物体交互。针对这种情况，可以通过考虑基于现实的交互以及用户与城市环境中的建筑基础设施的交互，为设计数字内容提供启示。

另外，AR 界面必须走向可扩展的范式。如今，人们已经在网络上创造了大量的数据。利用网络数据可以使 AR 界面与情境更加关联和有意义。我们还可以将网络平台转化为易于使用的 AR 界面，并为智能城市的大规模应用提供高可扩展性。移动到致力于以用户为中心的 AR 网页浏览（如 M2A），并将移动网页开发中的响应式设计范式衍生到 AR 环境中。在最小化界面的前提下，简化而又能感知环境的界面减少了不必要的选项，提高了用户的注意力并减少了认知负荷。M2A 不仅利用视觉环境来显示更多用户感兴趣的内容，而且能帮助用户直观地查找相关信息。同时，使用 M2A 的开发者只需要花费很少的精力便可将现有的网站更改为情境感知的 AR 网站。

在根据用户的兴趣管理 AR 内容（即选择合适的内容）之后，下一个重要的问题是根据用户的行为将内容放在合适的地方（即把合适的内容放在合适的地点）。

此外，值得一提的是，城市中的用户行为正在发生变化。如果根据城市每个角落不断变化的用户行为手动更新 AR 线索，成本极高，这几乎不可能完成。而一旦 AR 智能眼镜上的 AR 线索与用户行为分离，它就会变得过时。因此，在这样的动态城市环境中以高度可扩展的方式呈现 AR 线索仍然是一个开放的问题。

2021 年 11 月，韩国首尔提出建设元宇宙城市的设想。2022 年，上海宣布要建设元宇宙城市。在元宇宙城市里，可以借助增强现实 / 混合现实技术让古建筑重生、重现。图 2-12 所示的是首尔以元宇宙形式呈现的带有本地特色的观光景点。很快，光化门广场、南大门市场等首尔主要旅游景点都将以数字孪生的形式在元宇宙平台中组成“虚拟观光特区”，敦义门等已消失的历史建筑也将在虚拟空间内再现。

图 2-12　以元宇宙形成呈现的旅游景点

建设元宇宙城市是一种基于虚实结合技术的城市革新，沉浸式人城交互的核心技术在每一位用户和元宇宙的交互中不可或缺。欢迎阅读我们在 *ACM Computing Surveys* 上发表的论文“Towards Augmented Reality Driven Human-City Interaction: Current Research on Mobile Headsets and Future Challenges”，以了解更多细节。

参考文献

[1] NITINDER M, PENG Y Z, KEERTHANA G, et al. MECOMM '17: Proceedings of the 2017 Workshop on Mobile Edge Communications: Managing data in computational edge clouds, August 9, 2017[C]. ACM, 2017.

[2] NITINDER M, ALEKSANDR Z, PENG Y Z, et al. MECOMM '18: Proceedings of the 2018 Workshop on Mobile Edge Communications: Anveshak: Placing edge servers in the wild, August 7, 2018[C]. New York: ACM, 2018.

[3] ALEKSANDR Z, SUZAN B, NITINDER M, et al. ICDCS '19: 2019 IEEE 39th International Conference on Distributed Computing Systems (ICDCS): DeCloud: Truthful decentralized double auction for edge clouds, July 7-10, 2019[C]. Dallas: IEEE, 2019.

[4] PENG Y Z, TRISTAN B, AHMAD A, et al. 2019 IEEE International Conference on Pervasive Computing and Communications Workshops: ERL: Edge based reinforcement

learning for optimized urban traffic light control, March 11-15, 2019[C]. Kyoto: IEEE, 2019.

[5] PENG Y Z, XIAN F C, ZHI L, et al. DRLE: Decentralized Reinforcement Learning at the Edge for Traffic Light Control in the IoV[J]. IEEE Transactions on Intelligent Transportation Systems, 2020, 22(4): 2262-2273.

[6] LIK-HANG L, TRISTAN B, SIMO H, et al. Towards Augmented Reality-driven Human-City Interaction: Current Research on Mobile Headsets and Future Challenges[EB/OL]. (2020-07-17) [2022-06-30]. https://arxiv.org/abs/2007.09207v2.

[7] DANIEL R. New HoloLens Video Demos Usage in Medicine, is More Honest about Field of View[EB/OL]. (2018-11-29) [2022-06-30]. https://www.windowscentral.com/new-hololens-video-more-honest-about-fov.

[8] PENG Y Z, PRANVERA K, YUI-PAN Y. AICP: Augmented Informative Cooperative Perception[J]. IEEE Transactions on Intelligent Transportation Systems, 2022, 3(10): 1-14.

[9] KIT-YUNG L, LIK-HANG L, TRISTAN B, et al. IEEE International Conference on Pervasive Computing and Communications (PerCom): M2A: A Framework for Visualizing Information from Mobile Web to Mobile Augmented Reality, March 11-15, 2019[C]. Kyoto: IEEE, 2019.

[10] KIT-YUNG L, LIK-HANG L, PAN H. Proceedings of the 29th ACM International Conference on Multimedia: A2W: Context-Aware Recommendation System for Mobile Augmented Reality

Web Browser[EB/OL]. (2021-10-17) [2022-06-30]. https://dl.acm.org/doi/10.1145/3474085.3475413.

[11] LIK-HANG L, TRISTAN B, FARSHID H, et al. MMSys ’20: Proceedings of the 11th ACM Multimedia Systems Conference: UbiPoint: Towards Non-intrusive Mid-Air Interaction for Hardware Constrained Smart Glasses, May 27, 2020[C]. New York: ACM, 2020.

[12] LIK-HANG L, TRISTAN B, FARSHID H, et al. MMSys ’20: Proceedings of the 11th ACM Multimedia Systems Conference: UbiPoint: Hardware Constrained Mid-Air Interaction for Low-end Smart Glasses. May 27, 2020[C]. New York: ACM, 2020.

[13] LIK-HANG L, KIT-YUNG L, YUI-PAN Y, et al. 2019 IEEE International Conference on Pervasive Computing and Communications (PerCom): HIBEY: Hide the Keyboard in Augmented Reality, March 11-15, 2019[C]. Kyoto: IEEE, 2019.

[14] LIK-HANG L, TRISTAN B, KIT-YUNG L, et al. From Seen to Unseen: Designing Keyboard-less Interfaces for Text Entry on the Constrained Screen Real Estate of Augmented Reality Headsets[J]. Pervasive and Mobile Computing, 2020, 64(30): 102-121.

[15] LIK-HANG L, KIT-YUNG L, TONG L, et al. Proceedings of the ACM on Interactive, Mobile, Wearable and Ubiquitous Technologies: Quadmetric Optimized Thumb-to-Finger Interaction for Force Assisted One-Handed Text Entry on Mobile Headsets. September 9, 2019[C]. New York: ACM, 2020.

[16] LIK-HANG L, YI M Z, Yui-Pan Y, et al. 2020 IEEE International Conference on Pervasive Computing and Communications (PerCom): One-thumb Text Acquisition on Force-assisted Miniature Interfaces for Mobile Headsets, March 23-27, 2020[C]. Austin: IEEE, 2020.

[17] YUI-PAN Y, LIK-HANG L, ZHENG L, et al. How Subtle Can It Get? A Trimodal Study of Ring-sized Interfaces for One-handed Drone Control[J]. Proceedings of the ACM on Interactive Mobile Wearable and Ubiquitous Technologies, 2020, 4(2): 1-29.

第3章　使用空间体验设计元宇宙

作者介绍：

Simo Hosio，芬兰奥卢大学普适计算中心副教授。主要研究方向是调查开发交互手段，以协调人群内在智能，用于决策以及数字健康解决方案。

3.1 审视元宇宙概念

本章讨论如何使用人类规模的空间体验来设计元宇宙应用程序。在详细讨论我们作为人类的特殊性和经历之前，需要重新审视元宇宙的概念。目前，没有人完全知道元宇宙的最终形态（如果有的话）到底是什么样子。每个用户和公司对它的理解或许都不完全相同。就研究人员、技术开发人员而言，每个人都有自己的见解，有不同的理论和元宇宙的版本。但最终，这些不同的理解会被元宇宙的用户群体改变，因为用户需求才是元宇宙定义的决定性因素，而非 Meta 公司或者其他巨头的设想。

元宇宙是一个变化的、发展的、有机的实体，一个现在正被从上至下推入人们日常生活中的东西。开始探索这个新概念时，我会先从人文角度去看流行媒体和其他信息源，例如网上大家对它有什么看法。我最喜欢的方式是通过 Google Images 看人们是如何可视化地看待一个概念的，因为这种方式会潜移默化地影响他人理解日常生活中某些概念的方式。在现代社会中，决定概念未来走向的是流行媒体和真实最终用户的主流观点。当然，由法律法规强加的概念是另一回事。但是，对于像元宇宙这样抽象的概念，除用户以外，没有人可以真正定义它，或者说其他定义对用户来说意义不大。

令我诧异的是，现在元宇宙已经被赋予了某些颜色——不知何故，常见的元宇宙是黑暗的、紫色的或者蓝色的，而且，普遍流行的元宇宙讨论都围绕着虚拟现实——但是元宇宙应该包含很多其他方面。这些引发了很多关于如何诠释元宇宙的争论。可能要等到主流文化有了定论之后，学术界逐渐采纳该诠释之时，我们才能真正明确什么是元宇宙。此外，在过去的两年里，关于元宇宙的信息几乎只存在于科技新闻中，可能更多的非相关行业从业者、普通用户还没有听说过元宇宙或者对它不感兴趣。因此，如何界定元宇宙的时空边界是一个问题。

首先，我认为元宇宙的始末不会有一个清晰的时间范围，相反会是一个渐变的过程。一些大型科技公司在尝试推广元宇宙时，会宣传自己的元宇宙产品 / 社区是真正的元宇宙，如果用户不及时进入就会被落下。其次，有公司试图把以往的技术跟元宇宙建立联系，来广泛地推动元宇宙，甚至像雅虎或美国在线的已过时的文本聊天室现在也被称作早期元宇宙，这进一步模糊了元宇宙的界限。最后，一个非常普遍的概念是在未来十年内将会发生完全沉浸式体验。沃尔玛的部分宣传视频就向人们展示了如何用增强现实工具提升购物体验。他们正试图以完全沉浸式的方式将所有这些技术和体验介入人们的生活中。上述这三种情况有助于我思考什么是元宇宙，以及哪些是公众不喜欢的元素。

3.2 空间体验

技术是由人类创造且为人类服务的。元宇宙也是如此。人们生活在有限的空间里。环顾四周，我们所处的空间会影响我们的行为。例如，在办公室和家里，我使用在线视频演讲时可能会用到不同的方式，有不同的表现，使用不同的技术，做不同的事情，因为我的行为受所处空间的影响。在过去的一些研究中，我们一直试图通过不同的方式来理解空间，用技术来理解影响我们行为的元素。理解空间及其对使用技术的影响基本上是整个人机交互领域的核心思想之一，因此，我们过去一直在努力建立一个描述空间的知识库。该知识库的一个形象的类比就是 Google 公司通过大量的元数据来描述网站的快照，例如网站的主要内容、用户的浏览时长、推荐内容等。

同样的方法也可以用在空间描述上。在描述一个特定的空间时，不仅需要包括客观的度量标准（如位置和建筑物），还要包括人们与该空间的联系，以丰富我们对特定空间的理解。我们在努力建立一部开放式词典，以帮助人们了解在某个地方或者某个空间正在进行的事件、能够支撑的社会活动、人们的日常活动等。早前，我们曾通过一款交互游戏从成千上万的参与者那里收集信息。我们采用访问的方式请他们描述周围发生了什么，有什么样的氛围等，如图 3-1 所示。参与者提供描述词汇，我们对这些词汇进行提炼和排序。我们还制作过一款简单的手机游戏，只要人们移动位置就给他们发送通知，让用户选择描述当前空间的词汇，以了解人们在不同的空间有什么样的体验，如图 3-2 所示。

图 3-1　空间描述用户调研[1]

我们最感兴趣的是人类规模空间。2021 年，我们在 *ACM HCI* 上发表了一篇讨论人类规模空间理解的论文[3]。通常，我们操作的环境都基于人类规模空间，即人类与周围物体交互的空间。人类规模空间是到目前为止最常见的空间规模，例如我家的院子是一个人类规模空间，而太空不是，因为我无法舒适、方便地与他人在太空中交互，所以这不是人类习惯的活动空间规模。我们希望在工作中通过进一步了解人类规模空间来更好地设计人类规模服务，这几乎囊括了我们感兴趣的所有元宇宙服务。

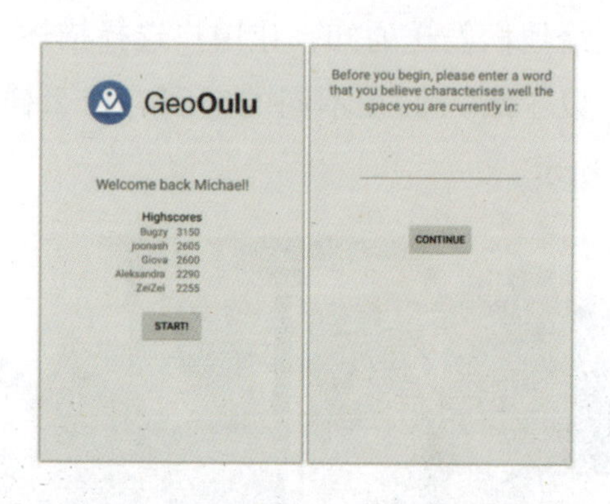

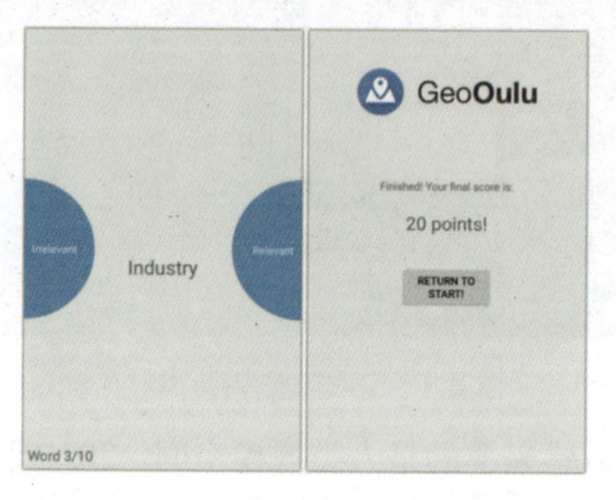

图 3-2 通过手机游戏收集空间描述[2]

人类的 5 种感官包括触觉、视觉、听觉、嗅觉和味觉。人们主要通过这 5 种感官来了解世界。不仅如此，我们还基于这些感官的输入来构建抽象概念。在此基础上，我们对空间有很多潜意识的理解，这些理解超越了基础的感官认知。例如把图 3-3 输入一台计算机，计算机不会有“恐怖”的感觉，因为它无法理解像鬼屋这样的东西。从外观上看，图 3-3 中房屋有黄色的窗户和棕色的墙，外面的天气有点阴暗，仅此而已。但是，有的人看到这幅图就会觉得图里的房屋很阴森，这背后的原因很复杂。可能是因为这些人接触过的文化、历史、民间传说以及所有其他的原因，在客观的感官输入基础上构建了一些附加的抽象概念，这些抽象概念在感知空间的那一刻就进入了他们的大脑。

图 3-3　阴森的气氛

所有这些感官认知、抽象概念、潜意识理解都会影响人们使用服务的方式和在特定人类规模空间中使用服务的体验。如果要在虚拟现实、增强现实中实现在特定时间、地点的优良服务体验，就需要用远比常用方法更精妙、更多维度的综合方式来理解空间。例如，通常我们只需要通过激光扫描和精确的颜色分类来分析空间，但在元宇宙中还需要结合生活方式、文化、历史，来真正理解在某个特定空间中的用户真实感受。目前，我们离此目标还很遥远，这是我们努力的方向。

3.3 空间对设计的启发

我们所说的空间有点类似于人机交互领域的一个核心概念——情境。情境对所有的服务和应用的使用体验都有影响，因而也影响它们的设计和使用方式。同样，我们认为空间也可以启发应用和服务设计的思考。通常，设计一款应用时，我们会考虑具体组件，例如用多少像素、什么颜色来帮助色盲用户使用，但很少考虑空间的特点。对于未来的元宇宙服务，基于空间的设计启发至关重要。例如，科研人员在做类似于人与建筑交互方面的研究时，建筑的性质和特征如何影响内部的服务体验是一个很重要的设计考量。我们希望通过加深对人类规模空间的理解，以便在元宇宙中沉浸式地呈现用户需要的空间并操控它们，把梦想变成现实。

在最近的一项抽象问题研究中，我们试图理解精神层面空间体验对不同用户的影响，来进一步辅助设计。一个可行但往往被低估的方法是问卷调查，其实，通过问卷调查收集用户的反馈并仔细分析可以帮助我们了解很多。例如，我们希望了解用户在体验服务过程中关心的重点——是基础感官感受还是更抽象的其他方面。通过问卷调查，我们发现人们往往把多种不同类别的感觉、感知因素（如舒适度、视觉、颜色、距离、形式、形状、交互等）混杂在一起，如图 3-4 所示。这给我们的设计提出了很大的挑战，因为在使用这些设计元素建造空间时，需要清晰地理解它们对用户体验的影响，而该发现使得这些因素形成了一个很复杂的长链。

主观体验	结构化认知	主动参与
舒适度	可访问性	主动性
整体感觉	颜色	互动
光线	距离	导航
洞察力	形式/形状	人
安全感	家具	
感官	布局	
时间	开放性	
视觉	规模	
	尺寸	
	环境	
	纹理	

图 3-4　构建人类规模空间的关键因素

其中，3 个关键因素可以帮助描述空间体验。第一个关键因素是主观体验（subjective presence），指特定服务的用户的主观感受、意见、体验。这些因素受到除周围客观世界以外的所有其他因素的影响。用户的身心状态、成长环境、文化背景等都会影响他们对某个空间的主观体验。第二个关键因素是结构化认知（structural aspect），可以用物联网设备来测量。该认知包括光量、温度、二氧化碳水平、建筑物高度和材料等相对容易测量的因素。这些因素对用户的影响很大，对建筑师尤其重要。然而计算机科学研究人员经常不理解或者不是很清楚这些因素如何影响居住在该空间中的用户。第三个关键因素是主动参与（active involvement），即用户在此空间做什么，如何与同一空间的其他人交互，空间有哪些社会功能等。例如，在图书馆中，即使阅览室的规则允许偶尔制造一些噪声，一般人通常也不会打开喇叭看视频。但是，如果在我成长的环境中，这是很常见的事情，我可能就会这么做。这就是生活背景对用户在特定空间使用服务意愿的影响。这些因素可以在很大程度上帮助我们优化服务设计。

在一次大规模的问卷调查中，我们尝试了解不同空间体验因素的重要程度。如图 3-5 所示，结果显示似乎主观体验最受重视，包括安全感、清洁度、舒适度、整体感觉、光线和视觉。其中最重要的是安全感。为了深入了解人们对安全感的定义，以及如何提升特定人类规模空间设计服务的安全感，我们进行了一种推测性采访实验。在采访中，我们假设图 3-6 中的魔方可以提供任意一种与安全相关的应用程序或服务，让用户自己提出希望获得的服务。结果表明，空间和周围其他人的特征是影响安全感的直接因素。该结果比较直观，例如在半夜碰到高大魁梧的陌生人可能会令人觉得不安全。

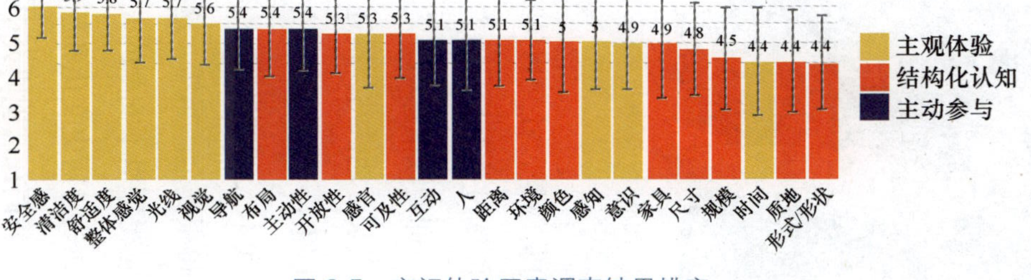

图 3-5　空间体验因素调查结果排序

图 3-6　推测性采访实验

一个有趣的发现是，社交媒体对空间安全感也有一定影响。若用户阅读过关于某个地方不安全的消息时便会抵触去那个地方，即便该信息不一定真实。我做过一项研究，让不同的人去某个地铁站，描述他们在那里的安全感体验，以及哪些因素会让他们感到安全或不安全。受新闻和历史的影响，我本人害怕半夜去该地铁站，但结果是，所有去的人都觉得很安全。当然，这些结果可能有很强的选择偏见，因为觉得那里不安全的人也不愿意去。也许那里一点也不可怕，只是历史文化和新闻影响了人们对那里的安全感的认知。我们在这项研究中发现，这种特殊的理解是通过很多不同的因素建立起来的，而不是单纯的某种技术（如激光扫描）能够描述的。同时，我们还发现新冠肺炎疫情正在影响人们在公共场所的安全感。在实验中，人们普遍表达了疫情期间在拥挤公共空间的不安全感。

3.4 元宇宙空间设计

我们正在努力利用以上各类因素激发元宇宙空间服务的设计灵感。首先，需要解构空间、数字化表达空间。其次，需要以人为本，从用户的角度对空间进行理解和诠释，而非仅仅对空间进行客观描述。我们需要将人对空间的理解与客观度量相融合。最后，我们希望可以提高虚拟现实的一致性，提升虚拟现实感觉上的合理程度和真实程度。

基于上述对空间的理解，我们可以在元宇宙中复现这些空间来增强用户体验，保持用户体验在真实环境和虚拟环境之间的连贯性。即我们可以用空间体验来设计、建造更真实的元宇宙。我们的一些想法已经在一些研究中得到应用，例如使用理解空间的移动工具来构建虚拟现实环境，将空间体验的各种因素更好地呈现给用户，以提升像虚拟现实培训这样的服务体验。这是一个非常受欢迎的商业案例，并且已经在制造业中大量应用，如图 3-7 所示。我们将通过理解空间来改进制造业的培训行为，而不仅仅是单纯建模。

图 3-7　空间元宇宙在制造业的应用案例

参考文献

[1] GONCALVES, J, SIMO H, DENZIL F, et al. DIS ’14: Proceedings of the 2014 conference on Designing Interactive Systems: Game of Words: Tagging Places through Crowdsourcing on Public Displays, June 21, 2014[C]. New York: ACM, 2014.

[2] VAN B, NIELS, J G, SIMO H, et al. Proceedings of the ACM on Interactive, Mobile, Wearable and Ubiquitous Technologies: Gamification of Mobile Experience Sampling Improves Data Quality and Quantity, September 11, 2017[C]. New York: ACM, 2017.

[3] PAANANEN, V, JONAS O, JORGE G, et al. Proceedings of the ACM on Human-Computer Interaction: Investigating Human Scale Spatial Experience. November 5, 2021[C]. New York: ACM, 2021.

第4章　计算机视觉在元宇宙中的应用

作者介绍：

王林，博士，香港科技大学人工智能数据助理教授。主要研究方向是基于新型相机的视觉，例如视觉相机或全景相机的视觉。

4.1 计算机视觉简介

本节将研究计算机视觉在交互系统中的发展状态以及在元宇宙中的潜力。计算机视觉在扩展现实应用中发挥着重要的作用，并为实现元宇宙奠定了基础。大多数扩展现实系统通过光学透视或视频透视显示屏捕捉视觉信息。这些信息经过处理后，分别通过头戴式设备或智能手机传递结果。借助这种视觉信息，计算机视觉在处理、分析和理解数字图像或视频方面发挥了重要作用。换句话说，计算机视觉使得扩展现实设备能够识别和理解用户的活动以及他们周围物理环境的视觉信息，帮助建立更可靠和更准确的虚拟与增强环境。计算机视觉在扩展现实应用中被广泛用于建立用户环境的 3D 重构，确定用户和设备的位置和方向。

4.2 节将回顾最近在室内和室外环境中的 3D 场景定位和映射的研究工作。除位置和方向以外，扩展现实系统还需要跟踪用户的身体和姿态。我们期望在元宇宙中，人类用户将被计算机视觉算法追踪并被表示为“化身”。此外，元宇宙还需要基于场景理解技术来理解和感知用户的周围环境，我们将在 4.3 节中讨论这个话题。增强现实和虚拟现实需要解决与物体遮挡、运动模糊、噪声以及图像 / 视频输入的低分辨率有关的问题。因此，图像处理是计算机视觉的一个重要领域，其目的是恢复和提高图像 / 视频质量，以实现更好的元宇宙。我们将在 4.4 节讨论目前比较先进的技术。

人类的视觉系统主要有两种重要的组成部分——视觉能力和推理学习能力。可以通过以下这个例子来了解这两种能力。例如，人们看到一个物体，首先想知晓这个物体是什么、在什么方位（这相当于物体分类和定位的过程），并在大脑中形成一个概念，这就是“视觉能力”，如图 4-1 所示。例如，看到一条狗，知晓它是什么、在哪里后，如果再看到一条机械狗，大脑会根据概念推断这也是狗，这就是“推理学习能力”——通过思考推理，获取视觉当中的不确定的物体信息。

图 4-1　计算机视觉系统原理（部分内容参考 wordberry 网站）

人类视觉系统有一个非常特殊的特点：对视觉的变化有非常好的鲁棒性。例如，当人们看到一匹马，不管光线怎么变化，都知道它是马；使用快速相机时，视角距离快速变化，即使有运动失真，人眼依然可以快速辨别当前的场景。另外，人眼辨别叠加图层的能力也很强，即便把老虎的面部叠加到人脸上，人眼依旧可以轻易辨别出人脸来。当前，计算机视觉主要模仿人眼视觉系统，首先，通过图像或者视频获取信息；其次，通过学习获得一定的视觉能力；最后，进行推理，从而执行一些指令。计算机视觉的两个核心问题是感知和视觉。其中，感知取决于相机传感器，视觉则是对视场中场景的理解。本章主要从 4 个方面讲解计算机视觉在元宇宙中的应用，包括视觉信息定位、视觉场景理解、人体姿态追踪和眼球追踪以及场景合成。

4.2 视觉信息定位

在元宇宙中，用户和化身将连接在一起，并在现实世界和虚拟世界的交汇处共存。考虑到数字孪生的概念及其突出的互操作性特征，建立这种跨越物理环境和数字环境的连接需要深入了解可能潜在驱动化身行为的人类活动。在现实世界中，人们用眼睛获取空间信息，并在大脑中进行现实世界的 3D 重构，以获知每个物体的确切位置。同样，元宇宙需要获得未知环境的 3D 结构并感知其运动。为了实现这一目标，可以采用同步定位和映射（Simultaneous Localization and Mapping，SLAM）这种常见的计算机视觉技术来估计设备的运动并重建一个未知环境。视觉 SLAM 算法必须同时解决 4 个挑战：（1）未知空间；（2）自由移动或不可控的相机；（3）实时性；（4）鲁棒的特征跟踪（漂移问题）。在各种 SLAM 算法中，ORB-SLAM 系列（如 ORB-SLAM-v2[1]）已被证明工作良好，并在 AR 系统中得到应用。

视觉 SLAM 算法通常依赖于三个主要步骤：（1）特征提取；（2）将 2D 框架映射到 3D 点云；（3）闭环检测。许多 SLAM 算法的第一步是寻找特征点并生成描述符。传统的特征跟踪方法，如尺度不变量特征变换（Scale-Invariant Feature Transform，SIFT）[2]，可以检测和描述图像中的局部特征。然而，这些方法往往太慢，无法实时运行。因此，大多数 AR 系统依靠计算效率高的特征跟踪方法，如基于特征的检测，在不使用 GPU 加速的情况下实时匹配特征。尽管最近卷积神经网络（Convolutional Neural Network，CNN）被应用于视觉 SLAM 算法，并在使用 GPU 的自主驾驶中取得可喜的性能，但应用于资源受限的移动系统仍然具有挑战性。有了跟踪的关键点（特征），视觉 SLAM 算法的第二步是如何映射 2D 相机帧以获得 3D 坐标或地标。这与相机的姿势估计密切相关。当相机输出一个新的帧时，视觉 SLAM 算法首先估计关键点。然后将这些点与前一帧进行映射，以估计场景的光流。相机的运动估计为在新帧中找到相同的关键点铺平了道路。然而，在某些情况下，估计的相机姿态不够精确。一些 SLAM 算法，如 ORB-SLAM-v2[1]，也会增加额外的数据，通过寻找更多的关键点对应关系来完善相机的姿势。新的映射点是通过匹配的关键点的三角计算产生的。这个过程将关键点在帧中的 2D 位置以及帧之间的平移和旋转捆绑起来。

视觉 SLAM 算法的第三步旨在恢复相机的姿势并获得一个几何上一致的映射，这个过程也称为闭环检测。如图 4-2（b）所示，对 AR 系统来说，如果检测到一个环路，就表明相机捕捉到一个环路以及之前观察到的视图，进而可以估计相机运动的累积误差。特别是，ORB-SLAM 会检查某个帧中的关键点是否与先前检测到的来自不同位置的关键点相匹配。如果相似度超过阈值，则意味着用户已经回到一个已知的地方。尽管目前最先进的视觉 SLAM 算法已经为空间理解奠定了坚实的基础，但元宇宙还需要理解更复杂的环境，尤其是虚拟物体和真实环境的融合。Microsoft Hololens 已经开始在空间理解方面有所深入，Apple 公司也推出了 ARKit 2，用于 3D 关键点追踪，如图 4-2（c）所示。在元宇宙中，被感知的虚拟世界是建立在共享的 3D 虚拟空间中的。因此，获取未知环境的 3D 结构并感知其运动至关重要且具有挑战性。这可以帮助收集相关数据，例如用于数字孪生的数据。虚拟世界不仅可以与人工智能连接，而且可以实现与现实世界的自动转换。此外，在元宇宙中，确保物体注册[1]的准确性以及与现实世界的交互非常重要。在这些苛刻的要求下，我们期望元宇宙中的视觉 SLAM 算法变得更加精确，并且在计算上得到有效使用。

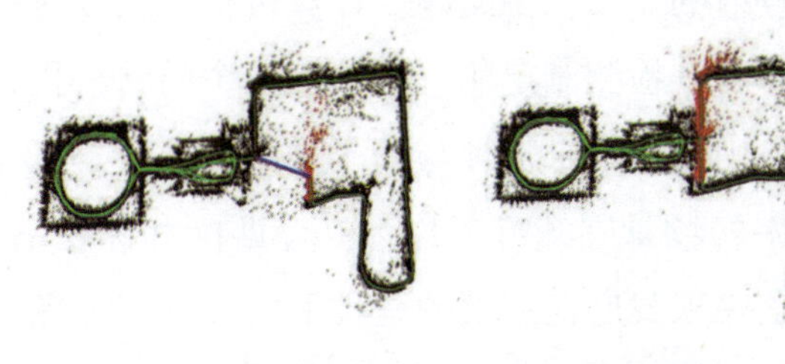

（a）ORB-SLAM 闭环检测之前　　（b）ORB-SLAM 闭环检测之后

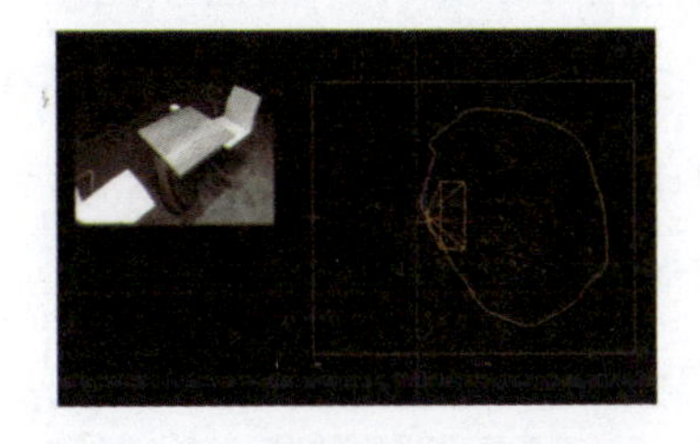

（c）Apple 公司的 ARKit 2 展示的视觉 SLAM 算法，循环检测的轨迹为黄色

图 4-2　ORB-SLAM[2] 闭环检测前后的映射。循环轨迹用绿色画出，用于跟踪的局部特征点用红色表示

4.3　视觉场景理解

在现实世界中，我们通过回答 4 个基本问题来理解

[1] 由虚拟场景准确定位到真实环境中场景的过程称为注册。

世界：我的角色是什么？我周围的内容是什么？我离所指的对象有多远？该物体可能在做什么？在计算机视觉中，整体场景理解旨在回答这些问题。第一个问题提到的用户角色在元宇宙中已经很清楚了，即角色是通过一个化身来投射的。第二个问题在计算机视觉领域是基于语义分割和物体检测制定的。关于第三个问题，我们根据现实世界中的眼睛来估计与参考物体的距离。这种计算机视觉中的场景感知方式称为立体匹配和深度估计。第四个问题要求我们在理解的基础上解释现实世界。例如，针对"一只兔子正在吃一根胡萝卜"场景，我们首先需要识别出兔子和胡萝卜，然后预测相应的动作来解释这个场景。元宇宙要求我们与其他物体和其他人在现实世界和虚拟世界中进行交互，因此，对整个场景的理解在确保元宇宙的运行方面起着关键作用。接下来，我们展开讲解第二个到第四个问题。

语义分割是一项机器视觉任务，系统会根据每个像素信息将图像分为不同的类别。它是全面了解环境的核心技术之一。在计算机视觉中，语义分割算法应该根据类别信息有效而快速地分割每个像素。最近，基于深度学习的方法在为自动驾驶设计的城市驾驶数据集中表现出明显的性能提升。然而，实时进行准确的语义分割仍然具有挑战性。例如，AR 系统需要语义分割算法以每秒 60 帧的速度运行。因此，语义分割是实现元宇宙的一项关键而具有挑战性的任务。

在元宇宙中，我们需要更强大和实时的语义分割方法来理解 3D 沉浸式世界中的像素信息。由于虚拟物体 / 现实物体、内容和人类化身的多样性和复杂性，因此需要更多的适应性语义分割方法。特别是，在交错的元宇宙中，语义分割算法还需要区分虚拟对象的像素与真实对象的像素。在这种情况下，类别信息可能更加复杂，而语义分割模型可能需要处理未见过的类。语义分割的目的是在应用 AR 图像配准时预测图像中每个像素的类别，并能够缩小两帧之间特征点的搜索范围，从而提高系统的稳定性，如图 4-3 所示。语义分割的场景信息将大幅提高 AR 图像配准技术的性能。通过分析场景特征，AR 系统可以将计算机生成的几何信息通过视觉融合方法添加到真实环境中，从而加强对真实环境的感知。计算机视觉中的场景理解（如语义分割、物体追踪、深度估计等）是 AR 的核心技术。这些技术能帮助 AR 系统在三维环境中估计视觉传感器的姿态并理解场景中的对象。

元宇宙中的物体检测可以分为两类——特定实例的检测（如人脸、标记、文本等）和通用类别的检测（如汽车、人类等）。文字检测方法在扩展现实中得到广泛研究。这些方法已经很成熟，可以直接应用于实现元数据。近年来，人脸识别也得到广泛研究，而且这些方法在扩展现实应用的各种识别场景中都显示出鲁棒性。

图 4-3 语义分割[3]

物体追踪的目的在于实现物体的定位跟踪。物体追踪包含两个重点步骤：（1）视觉信息处理；（2）追踪。在视觉信息处理阶段，需要根据被跟踪目标的特性，选择稳定的跟踪线索（如颜色、边界、运动规律、背景信息等）。如图 4-4 所示，可以通过追踪物体的边界来获取车辆的位置。在实际问题中，可以根据所建的模型信息，确定被预处理的对象。在 AR 系统中，我们多以模型的形状和拓扑等信息作为视觉信息处理对象。也就是说，通过对形状和拓扑信息的特征提取，来获取追踪所必需的视觉信息。此外，还可以以纹理和形状作为视觉信息处理对象。视觉信息处理过程以提取、优化获取模型的稳定特征为目标。而追踪阶段，则以被跟踪物体的先验信息（如初始位置）为初始值，利用视觉信息处理阶段（第一阶段）获取的模型特征信息，与输入信息进行特征匹配，从而确定模型在空间的姿势，实现对目标的跟踪。

图 4-4　物体追踪 [4]

在元宇宙中，用户被表现为化身，多个化身可以相互交流。人脸识别算法需要识别真实人脸（来自现实世界）和合成人脸（来自虚拟世界）。此外，元宇宙中的遮挡问题、脸部姿势的突然变化和光照变化会使人脸识别过程更具挑战性。人脸识别的另一个问题是隐私问题。人们已经开始在 AR 系统中研究这个问题。在元宇宙中，许多用户可以留在 3D 沉浸式环境中，因此人脸识别的隐私保护应更加严格。未来的研究应该考虑人脸识别的鲁棒性，以及人脸识别相关的更好的规则和标准。近年来，学术界对通用类别的检测进行了大量研究。很多使用深度学习的研究工作都集中在多类检测上。两阶段检测器 Faster RCNN 是使用深度学习的早期发展阶段的先进方法之一。后来，Yolo 系列在各种多类场景中表现出出色的检测性能。这些检测器已经成功应用于 AR 系统。

使用立体匹配的深度估计是实现元宇宙的一项关键任务。估计的距离直接决定了内容在沉浸式环境中的位置。在 VR 中，立体深度估计是在虚拟空间中进行的。因此，深度估计确定的是虚拟物体与虚拟相机（第一人称视角）或所指物体（第三人称视角）的绝对距离。传统方法是首先提取特征，然后用它们来计算匹配代价[2]，估计差异。近年来，大量研究工作集中于探索深度学习在 VR 中深度估

[2] 将两幅图的相关关系进行比较，比较两个特征图并将其差异作为基础得到匹配代价。

计的潜力。在 AR 中，关键问题之一是要确保深度估计是基于虚拟物体和真实物体进行的。这样一来，AR 用户就可以把虚拟物体放在正确的位置上。在相关文献中，早期的 AR/MR 中的深度估计方法取决于绝对的自我中心深度，即从虚拟物体到观看者有多远。关键技术包括"盲走"[3]、想象的盲走和通过行走进行三角测量。最近，基于深度学习的方法被应用于 AR，这些方法展现了许多精确的深度估计性能。立体相机已经被应用于一些 HMD[4]（如 Oculus Rift），红外相机传感器也被嵌入到一些设备（如 Microsoft Hololens）中，使深度信息的收集变得更加容易。

深度估计是计算机视觉领域的一个基础性问题，同时也是 AR 技术中很重要的一个环节。其目的在于更好地处理遮挡关系和合成阴影，以及恢复场景的稠密三维结构。深度估计方法有很多种，常见的主要有立体匹配法和单目深度估计法。在深度学习的巨大推动之下，单目深度估计法会越来越受关注。单目深度估计法就是利用一张单一视角下的 RGB 图像，估计图像中每个像素相对拍摄源的距离，如图 4-5 所示。由于人类具备很多的先验知识，因此可以从眼睛获取的视觉信息中提取物体的深度信息。然而对 AR 系统来说，则需要提取一些先验信息（如相机姿势），以更好地估计深度信息。

---

[3] 盲走是指让用户蒙着双眼在虚拟空间中行走。

[4] HMD 全称 Head Mount Display，中文译作头戴式显示设备。

（1） （2） （3） （4） （5） （6） （7）

图 4-5 深度估计[5]

4.4 人体姿态追踪和眼球追踪

在元宇宙中，用户由化身代表。因此，我们必须考虑在三维虚拟环境中对化身的控制。化身的控制可以通过人的身体和眼睛在现实世界中的位置和方向来实现。人体姿态追踪是指在交互环境中获得有关人体的空间信息的计算机视觉任务。在 VR 或 AR 系统中，获得的有关人体姿态的视觉信息通常可以表示为人体各部位的关节位置或关键点。这些关键点反映了人类姿态的特征，它们描绘了身体的各个部分，如肘部、腿部、肩部、手部、脚部等。在元宇宙中，这种类型的身体表征足以用于感知用户的身体姿态。追踪眼球的位置和凝视方向可以进一步丰富元宇宙中的用户微交互。眼球追踪可以实现凝视预测，而意图推断可以实现直观和沉浸式的用户体验，以适应用户的实时需求。大部分计算机视觉算法基于标记，例如把人脸分割为不同的网格并分别标记。人体姿态追踪在元宇宙中尤为重要，很多交互场景需要把用户真实的身体动作数字化并孪生到元宇宙场景中，如图 4-6 所示。

眼球追踪是实现元宇宙的另一个具有挑战性的课题。眼球追踪是基于连续测量瞳孔中心和角膜反射之间的距离来实现的。辐辏角在目光相交的某一点上汇聚。

（a）三维姿态追踪

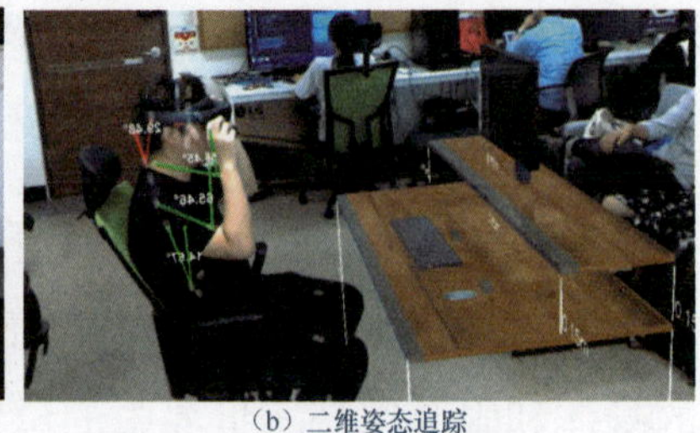

（b）二维姿态追踪

图 4-6　人体姿态追踪 [6]

在辐辏角内显示的区域称为“视差”—距离随着辐辏角的变化而变化。直观地说，眼球追踪中的计算机视觉算法应该能通过从辐辏角推断出的视线的固定位置来测量距离。为了测量距离，一种有代表性的方法是利用红外相机——它可以记录和追踪眼球的运动信息，就像在 HMD 中一样。在 VR 中，HMD 被放置在离眼睛很近的地方，这使得它很容易产生辐辏。然而，该设备不能跟踪拥有三维深度信息的距离。因此，对沉浸式环境中的虚拟物体进行深度估计是一个关键问题。眼球追踪可以为元宇宙中的沉浸式环境带来很多好处，它还可以促进虚拟世界和现实世界的融合。然而，眼球追踪仍然存在着挑战。首先，焦点模糊会导致对虚拟环境中物体大小和距离的不正确感知。其次，在遮挡而导致的不完全注视下无法确保精确的距离估计。最后，眼动跟踪可能会导致晕动症和眼睛疲劳。在元宇宙中，对眼球追踪的要求可能比传统的虚拟环境要高得多。这也开辟了一些新的研究方向，例如准确理解人类行为并为化身创造更真实的眼神接触，类似于在三维沉浸式环境中，为化身创造更真实的目光接触。

4.5 场景合成

场景合成对于元宇宙非常重要，潜力巨大。例如我们想通过一张二维椅子图像设计一把元宇宙中的三维椅子，可以先将简单勾画的二维几何图作为输入，然后对二维图像进行随意变化，如添加颜色、光照、姿态等。我所在团队的研究偏重三维场景合成，如元宇宙中的物体定制。该研究旨在通过现实世界的图像信息（如使用深度相机拍摄的家居照片和透视图）来获取深度信息，以生成三维室内模型，并进行个性化调整，最后投射到元宇宙中。我们提出的算法只需要拍摄局部画面，辅以深度信息，就可以自动生成全景图和多种三维模型。该算法的优势在于可以只借助深度信息，不需要任何 RGB 信息就能生成逼真的全景图，甚至不借助任何深度信息，依然能生成逼真的三维场景和模型，如图 4-7 所示。

元宇宙中面临很多挑战，其中之一便是通过 AR/VR 设备看到的全景图分辨率非常低，十分影响视觉体验。我所在团队最近的一个研究成果在这方面做了一些

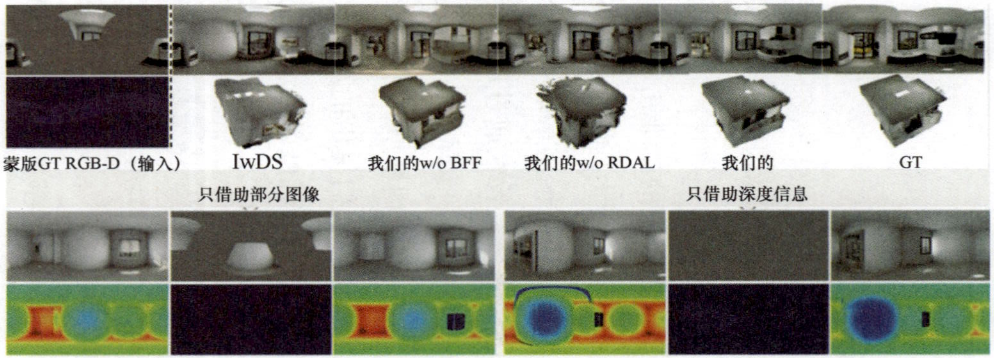

蒙版GT RGB-D（输入）
IwDS
我们的w/o BFF
我们的w/o RDAL
我们的
GT
只借助部分图像
只借助深度信息

图 4-7 室内三维建模 [7]

改进，增强了全景图的分辨率，改善了用户视觉体验，帮助用户在360度全景下感受元宇宙的沉浸式体验。目前，计算机视觉领域另一个比较火的方向是，通过二维图像生成连续的三维场景序列，实现动态的元宇宙场景转换。最近，我所在团队在自动驾驶方面也投入了很多精力，例如元宇宙在自动驾驶方面的应用和AR等。我们还在研发新型相机，以提升夜间摄录画质，帮助物体识别和追踪。该相机可以免疫运动失真，实现高速移动中的物体追踪。另外，我们正在利用最新的传感器开发在夜间照明条件很差的情况下进行精准人脸识别和人体姿态追踪的技术。

新型计算机视觉算法可以帮助我们轻而易举地生成一些非常逼真的用户化身，以提升用户的元宇宙场景体验。视觉信息与其他模态信息的多模态融合可以让这些创造过程更便捷：（1）视觉信息与文字信息的整合，例如用户可以直接输入文字“我想把化身的T恤变成黄色，让化身换上某种鞋子，以某种步态走路”，让计算机视觉算法根据文本信息自动生成化身，这极大地方便了用户自定义，对未来元宇宙的搭建有很强的推动力；（2）视觉信息与语音信息的融合，例如用户可以口述在元宇宙中家里的家具是什么样子，计算机视觉算法就可以根据已有的图像信息，结合用户的语音信息生成对应的家具，满足用户在元宇宙中的需求。

总而言之，计算机视觉是元宇宙技术栈中很重要的一环，同时也面临很多挑战，例如计算量很大以及多模态融合。前一个挑战体现在城市数字化建模这种大规模任务中，例如，如何提高算法效率，减少算力消耗，是不是需要边缘计算配合云计算。后一个挑战体现在视觉信息、语音信息、文本信息结合的过程需要相应的算法设计。此外，还有一个比较重要的隐患是隐私安全问题，元宇宙中计算机视觉算法可能需要很多生物特征识别数据，这些数据会暴露更多的用户隐私，如何保障用户隐私是计算机视觉算法未来要解决的一个重要问题。最后，人们还面临在黑客攻击时如何保障算法的鲁棒性和安全性的挑战。这些都是计算机视觉算法需要在元宇宙中应对的挑战。更多信息，请参考我们的“元宇宙生存手册”[8]。

参考文献

[1] MUR-ARTAL R, JUAN D T. ORB-SLAM2: An Open-Source SLAM System for Monocular, Stereo, and RGB-D Cameras[J]. IEEE transactions on robotics, 2017, 33(5): 1255-1262.

[2] DAVID G L. Distinctive Image Features from Scale-Invariant Keypoints[J]. International Journal of Computer Vision, 2004, 60(2):91-110.

[3] WANG, L, CHAE, Y, YOON, S H, et al. 2021 IEEE/CVF Conference on Computer Vision and Pattern Recognition

(CVPR): EvDistill: Asynchronous Events to End-task Learning via Bidirectional Reconstruction-guided Cross-modal Knowledge Distillation,. June 20-25, 2021[C]. Nashville: IEEE, 2021.

[4] YUJEONG C, LIN W, KUK-JIN Y. SiamEvent: Event-based Object Tracking via Edge-aware Similarity Learning with Siamese Networks[EB/OL]. (2021-09-28) [2022-06-30]. https://arxiv.org/abs/2109.13456.

[5] LIN W; YUJEONG C; KUK-JIN Y. 2021 IEEE/CVF International Conference on Computer Vision (ICCV): Dual Transfer Learning for Event-based End-task Prediction via Pluggable Event to Image Translation, October 10-17, 2021[C]. Montreal: IEEE, 2022.

[6] LIN W, KUK-JIN Y. CoAug-MR: An MR-based Interactive Office Workstation Design System via Augmented Multi-Person Collaboration[EB/OL]. (2019-07-06) [2022-06-30]. https://arxiv.org/abs/1907.03107.

[7] CHANGGYOON O, WONJUNE C, DAEHEE P. BIPS: Bi-modal Indoor Panorama Synthesis via Residual Depth-aided Adversarial Learning[EB/OL]. (2021-12-12) [2022-06-30]. https://arxiv.org/abs/2112.06179v1.

[8] LIK-HANG L, TRISTAN B, PENG Y Z, et al. All One Needs to Know about Metaverse: A Complete Survey on Technological Singularity, Virtual Ecosystem, and Research Agenda[EB/OL]. (2021-10-06) [2022-06-30]. https://arxiv.org/abs/2110.05352.

第5章　边缘计算元宇宙

作者介绍：

周鹏远，赫尔辛基大学博士，曾获欧盟玛丽居里奖学金，中国科学技术大学网络空间安全学院数据空间研究中心副研究员。研究方向为多方安全计算和扩展现实。

5.1 元宇宙面临的挑战

当前的 XR、AR、VR 与人们畅想的元宇宙还有很遥远的距离。受设备性能影响，当前主流头戴式设备相对较重、体积较大。造成这一问题的主要原因是现阶段的硬件水平不得不采用过大、过重的设备以满足元宇宙应用对算力、容量以及电池的需求。较大的重量和体积严重影响了设备的穿戴舒适度和使用自由度。要实现畅想的元宇宙形态，这是必须解决的问题。目前已经有公司开始制作 AR 隐形眼镜，希望未来可以代替现在的头戴式设备，让用户能够随时随地舒适地体验元宇宙的二元性。目前我们离实现这一步还比较遥远，如果某天可以实现近乎可忽略的轻量化设备，甚至不需要使用设备而是使用生物内置的类似脑机接口（Brain Computer Interface，BCI），那么我们离全面进入元宇宙生活就不远了。总体来说，目前元宇宙受到的挑战有以下几点。

第一，相比当前的媒体形式，元宇宙要求的内容更加丰富。元宇宙的视频要求更高的分辨率和帧率，多数场景是立体的，包括 HDR、360 度球面以及六自由度。元宇宙要求的信息量越大，相应的计算量与数据传输量也越大，而其附属设备却有越来越小的趋势，这些构成了目前硬件发展目标和数据需求的主要矛盾。

第二，元宇宙要求超低延迟。例如，通过 AR 把虚拟物体呈现在真实背景上时，延迟超过 20ms 就可能让用户产生脱离感，持续的脱离感会引起眩晕，非常影响用户体验。因此 AR、XR 对内容的呈现，包括端到端延迟提出了很高的要求。

第三，用户应可以随时随地、方便快捷地体验元宇宙。目前，由于网络、算力、存储、电量的限制，室内的元宇宙场景占绝大多数。室外体验更多依赖智能手机 App，例如游戏 *Pokémon GO*。未来的元宇宙中，各类应用应无缝嵌入，变成生活的一部分，因此不能要求用户随时随地拿着智能手机拍摄。随处体验是一个很重要的挑战，只有实现它才能真正地实现元宇宙的沉浸式体验。

5.2 边缘计算解决方案

如前所述，元宇宙要求更高的算力，以及更大的数据传输量、计算量、存储量、能耗等，同时对设备又有轻量化的要求。因此，最直观也是比较合理的一个计算解决方案是计算任务卸载（offloading），即把用户端设备（如头戴式设备）的计算任务甚至存储任务卸载到周边服务器。虽然过去的 10 ~ 15 年是云计算时代，但对于元宇宙至关重要的延迟要求，当前的云计算无法满足。公有云的端到端延迟为 50 ~ 100ms，电信运营商的云服务延迟为 20 ~ 50ms，这些都远远大于一般的元宇宙要求的光子延迟（约 15ms）。在这方面，移动边缘计算（Mobile Edge Computing，MEC）有很大优势，通过与 5G 基站联合部署（这里指逻辑联合部署，而实际物理部署距离可以通过一跳光纤相距几千米），有潜力将端到端延迟控制在 10ms 以内。本地边缘服务器优势更大，经过一跳 Wi-Fi 传输的延迟只有几毫秒。与云计算相比，本地边缘计算和 MEC 在延迟方面都有很大优势。

传统的云计算时代，数据大多在数据中心内产生或者分析。然而，现在越来越多的物联网设备持续收集海量新型数据，这些数据大多产生于（近）用户端，与用户隐私高度相关。如可以辅助操控智能设备的智能家庭助手通过收集、学习家庭设备数据，提供个性化服务；车载高级辅助驾驶系统通过采集分析感知数据，将增强信息投放到 AR HUD 设备，帮助提升驾驶体验；一些智能制造厂商为工作人员配备 AR 智能眼镜，帮助提高生产效率。

上述场景中很多数据高度隐私，如个人起居隐私数据、制造厂商专利数据等。在隐私保护方面，边缘计算从物理层面提供了有力的保障，可以将数据留在本地。虽然云计算可以依靠法规进行监管，但产生数据的用户对隐私保护过程没有控制权。边缘服务器可以把控制权保留在用户手里。近年来，很多公司已经逐渐采用边缘计算和云计算相结合的方式来满足低延迟和隐私保护的要求。

数据隐私保护对元宇宙尤为重要，与当下媒体相比，元宇宙收集的生物识别特征信息更加多种多样。例如目前一些设备采集的面部、指纹，未来元宇宙采集的心跳、血压、步态等，此类生理信息很难更改，一旦泄露会造成无法挽回的损失和长期隐患。因此，与当前网络空间相比，元宇宙对数据隐私保护提出了更高的要求。边缘计算方案在一定程度上提供了隐私保障。用户对本地边缘服务器（如智能家居助手）拥有绝对掌控权，但同时它们又受到规模和场景的限制，多数只能在室内运行。因此在实际应用中，人们需要参照具体的应用场景权衡选择采用边缘计算方案还是云计算方案。

对于资源受限的移动设备，我们希望把轻量化设备的计算、存储、网络任务卸载到边缘服务器，比如 EdgeX AR 框架 [1]，通过在移动设备上运行的高度灵活的跟踪器，隐藏卸载延迟，构建无缝且稳健的 AR 体验（见图 5-1）。EdgeX AR 可以在 25ms 内对多达 240 个特征点进行跟踪，并呈现低（1 ~ 2）像素误差，允许以每秒 30 帧的速度有效地跟踪场景中的多个对象，并隐藏高达 600ms 的卸载延迟。室外的边缘计算方案更多依赖于电信运营商的 MEC 解决方案。如图 5-2 所示，ETSI 提出了基于 MEC 的城市规模增强现实解决方案，其中边缘服务器的部署、操作和维护由在该地区运营的互联网服务供应商处理。例如，5G MEC 服务器只需一跳数据包传输即可管理附近用户的增强现实内容，并支持 *Pokémon GO* 等社交增强现实应用的实时用户交互。届时，用户玩 *Pokémon GO* 等游戏时不需要举着手机，可以使用更轻量化的设备（如 AR 智能眼镜）享受更佳的游戏体验。

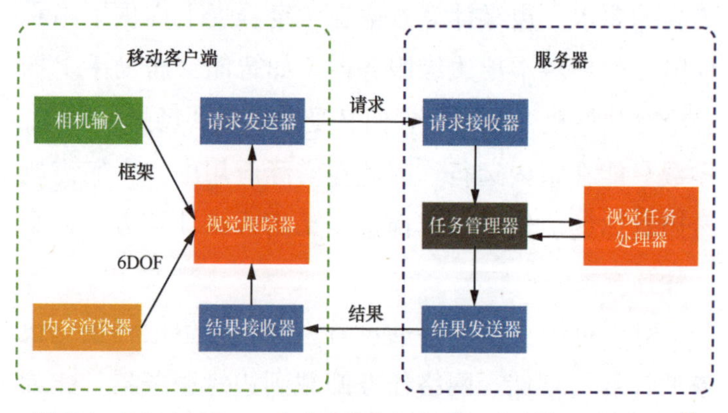

图 5-1　EdgeX AR——六自由度多目标交互移动增强现实框架 [1]

我所在团队提出了一系列基于 MEC 的增强现实解决方案，其中包括多车共享增强现实视场以及 5G 自由

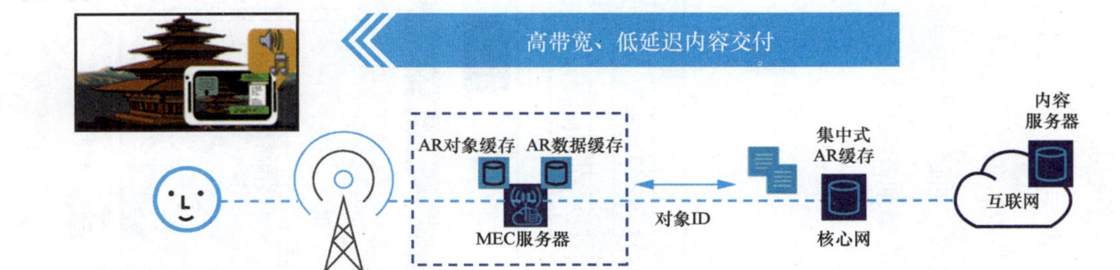

图 5-2 ETSI 提出的基于 MEC 的城市规模增强现实解决方案[2]

移动增强现实。早在2018年，我们就提出了利用MEC实现计算卸载，达到多车共享增强现实视场的早期工作[3-4]。后来我们不断完善，在2020年完成了如图5-3所示的初代原型机系统，并于芬兰赫尔辛基市中心区域进行了实际道路测试。通过自设边缘服务器，我们成功实现了两台汽车间的增强现实视场共享。与云计算方案

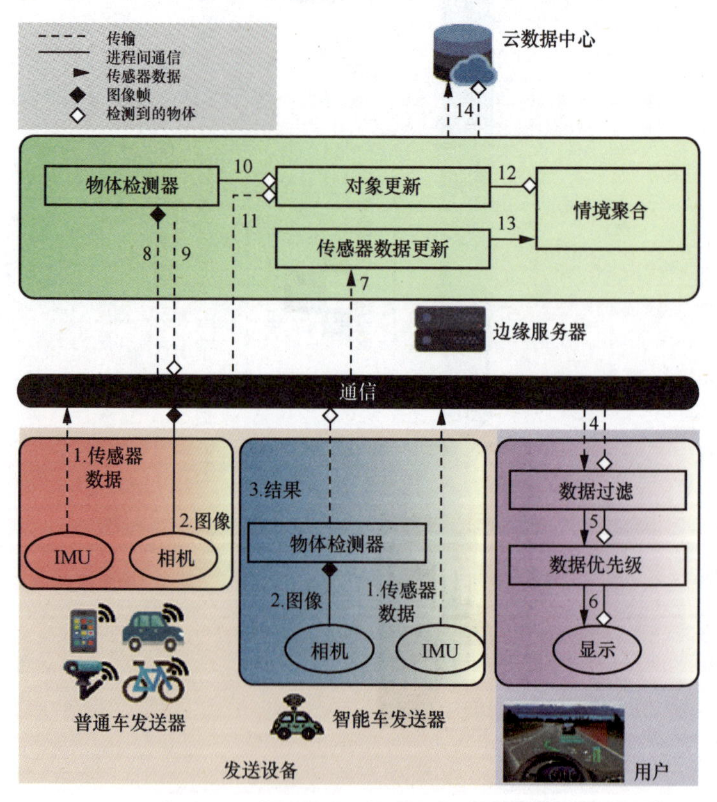

图5-3　多车增强现实视场共享系统[5]

相比，该方案的延迟大幅度降低——高达 42%。相关研究成果发表于 *IEEE TVT*[5]。

之后，随着 5G 的流行，我们迅速意识到 5G MEC 的潜力及其面临的挑战。5G 基站的覆盖范围比 LTE 更小，部署密度更高，可以预见到未来移动增强现实的应用采用 MEC 卸载方案时，会面临高频移交[5]。移交算法与当前算法只考虑信号不同，而我们还要同时考虑 MEC 的负载情况，做出综合判断，才可以最大限度地降低用户感知延迟[6]。因此，我所在团队提出了 Comp-HO 解决方案以应对移动增强现实在 5G MEC 中的这一挑战，如图 5-4 所示。与传统移交算法相比，Comp-HO 帮助移动 AR 应用减少了多达 70% 的平均用户感知延迟[6]。

2021 年起众多厂商开始相关合作项目。DoubleMe 在 2021 年 8 月提出了 Holoverse 项目，与西班牙电信、德国电信等电信运营商一起开发以 5G MEC 为基础架构的元宇宙解决方案。曾开发 *Ingress*、*Pokémon GO* 和 *Harry Potter: Wizards Unite* 等游戏的著名游戏公司 Niantic 设想建立行星级增强现实，与德国电信、Globe Telecom、Orange、SK Telecom、SoftBank、TELUS、Verizon、Telstra 等全球电信运营商合作，旨在利用 5G MEC 提升增强现实的扩展性和服务性能。

---

[5] 高频移交，即用户设备的通信连接频繁地在周边基站间切换。

[6] 感知延迟由卸载传输延迟和卸载任务处理延迟构成。

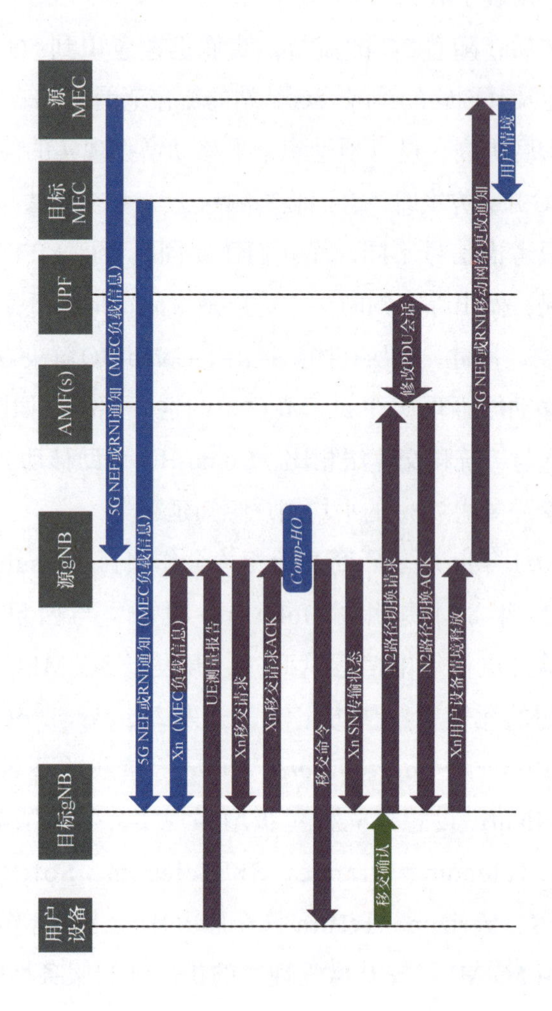

图 5-4 Comp-HO 算法数据流[6]

5.3 边缘计算的问题和应对策略

边缘计算在带来优势的同时也面临一些挑战。与传统的数据中心集中式集群管理相比，边缘服务器通常暴露在更接近人群的地方，更容易被黑客物理侵入。数据中心通过物理保护和逻辑链路控制为中心服务器提供安全保护，在操作和托管云服务时有明确的操作权限和数据权限，黑客很难实施物理侵入或网络攻击。而边缘服务器由于其分布式特点，相对更容易被黑客实施物理方式的访问。例如公司或者超市的边缘服务器可能只是放在 IT 部门或者某间办公室内，没有数据中心的严格管理，黑客可以直接侵入服务器。同时，边缘计算的分布式特点也导致服务器运维管理成本比云计算高。

相关技术如零信任安全机制、可信执行环境（Trusted Execution Environment，TEE）、标准化系统等可以帮助边缘计算应对这些挑战。零信任安全机制（也称为零信任架构）的核心思想是“从不信任，始终验证”，即默认不信任任何设备，包括与受监管的企业网络（如企业 LAN）连接的设备或之前已经验证过的设备，每个访问请求都必须得到授权，且所有设备只能访问完成其任务所必需的资源。零信任安全机制有助于边缘计算确保安全策略适应底层网络基础设施的动态变化，同时根据用户身份和背景提供对应用的明确访问权限。目前Deepfake技术已经可以做到非常逼真的人脸模拟，而人脸识别或生理信号识别在未来元宇宙中会大量应用，届时一旦黑客窃取相关数据即可模仿用户盗取数据或者实施犯罪行为。零信任安全机制可以规避此类风险，提升元宇宙安全保障。

可信执行环境目前广受欢迎，具有应用范围广的特点。它是指在设备内部独立于不可信操作系统而存在的可信的、隔离的、独立的执行环境，为不可信环境中的隐私数据和敏感计算提供安全而机密的空间，其安全性通常通过与硬件相关的机制来保障，如Intel软件防护扩展、x86系统管理模式、AMD内存加密技术、AMD平台安全处理器和ARM可信域技术等。Microsoft公司的可信物联网解决方案——Azure就是基于可信执行环境实现的。Azure要求在应用程序数据离开开发服务器前先做加密处理，直到数据进入另一个可信执行环境之后才做解密处理并执行分析，以保障传输过程中的数据安全。如前所述，边缘服务器由于其分布式特点而暴露在更易被黑客物理接触的位置，非常需要可信执行环境等技术提供可靠预案，以保障数据即使被黑客物理接触依然安全。

目前尚无标准化元宇宙系统，但业界对于推动标准化的边缘计算系统框架已做了多年的努力，以

Linux 基金会的 EdgeX Foundry 为代表的边缘计算系统框架为边缘计算标准化提供了可行方案。将元宇宙部署在边缘服务器时，使用类似的标准化系统可以提高管理效率、降低运维成本，同时方便统一部署和调整安全管理策略，以及不同边缘计算服务商间的安全协作。

5.4 边云未来

当然，云计算在未来相当长一段时间内依然会主导市场，边缘计算更多作为补充形式存在。如何提高边云之间的协同效率，如何对两者进行资源管理、任务分流是提升元宇宙体验的重要课题之一。

边云结合在可信人工智能方面有很大潜力。目前，人工智能已经渗透到人们生活的方方面面，甚至有些过耦合，即很多计算任务不需要人工智能也可以完成，但人们往往希望用人工智能试一试，因为很多时候人工智能的确可以节省很多人力资源成本，有时甚至会产生一些意想不到的惊喜。但是，随着计算机软件和硬件的发展，日益强大的人工智能逐渐有能力获取用户更多的隐私。同时，因为人们还不能完全解释人工智能尤其是深度学习的运作原理，所以用户无法完全信赖人工智能系统。而云计算加剧了这一担忧，将所有用户数据上传到云中心做大数据分析，其中可以挖掘的用户隐私可能远超用户上传数据时的预想，而且其具体过程和结果用户不得而知。

多方安全计算结合边缘计算是目前应对这一挑战的广受关注的解决方案之一。多个竞争或合作的机构、厂商需要数据方面的协同合作时，受法律法规或者商业竞争等限制不便直接共享数据，可以采用联邦学习等技术，在参与方本地边缘服务器预训练数据模型，通过共享模型中间结果来达到协同训练的同时保护数据隐私的目标。在多数方案中共享模型中间结果需要可信第三方云服务器进行模型汇聚，这是边云协同的经典案例之一。

总而言之，相较于当前网络空间，元宇宙对延迟、隐私、算力提出了更高的要求。边缘计算的分布式特质与元宇宙的很多场景特点是一致的，因此在很多场景中其能提供比云计算更好的服务体验。但同时边缘计算也面临一些独有的挑战。目前针对这些挑战研究人员已经开发了一些解决方案，接下来需要努力调整这些解决方案以适用于边缘计算元宇宙场景。

5.5 访问

问题：元宇宙的核心之一是去中心化，但是现在各家争抢的目标似乎依然是中心化的结果，您怎么看此问题?

周鹏远博士：目前的确是这样的。诸如 Meta 之类的大企业有更多的资源、更大的用户基数、更多的财力支撑、更强大的专业技术团队，因此他们有优势，可以更快速地建造大型元宇宙社交平台和应用。现在还处于头部厂商带动整个产业发展的初期阶段，因此大家感觉目标依然是中心化。这几个头部厂商通过建造早期社交平台瓜分市场份额，其他小厂商只能陪跑。但是，我觉得这种情况到中后期会有变化，因为元宇宙的覆盖范围太广、市场太大，当未来发展到一定程度时，很可能会出现用户需求远超头部厂商的供应能力。届时需要更多的内容创作者和小型服务商提供更多样化的内容和服务。就好像今天既有腾讯视频、优酷视频这样的主流视频服务平台，也有以用户上传视频主导的抖音、快手等，以达到中心化与去中心化的动态平衡。

参考文献

[1] WEN X Z, SI K L, FARSHID H B, et al. EdgeXAR: A 6-DoF Camera Multi-target Interaction Framework for MAR with User-friendly Latency Compensation[J]. Proceedings of the ACM on Human-Computer Interaction, 2022, 6(152):1-24.

[2] YUN C H, MILAN P, DARIO S. Mobile Edge Computing: A

Key Technology towards 5G[R]. Valbonne: ETSI, 2015.

[3] PENG Y Z, WEN X Z, TRISTAN B, et al. MECOMM '18: Proceedings of the 2018 Workshop on Mobile Edge Communications: ARVE: Augmented Reality Applications in Vehicle to Edge Networks, August 7, 2018[C]. New York: ACM, 2018.

[4] PENG Y Z, WEN X Z, TRISTAN B, et al. 2019 Conference on Innovation in Clouds, Internet and Networks (ICIN): Enhanced augmented reality applications in vehicle-to-edge networks, February 19-21, 2019[C]. Paris: IEEE, 2019.

[5] PENG Y Z, TRISTAN B, ALEKSANDR Z, et al. Edge-Facilitated Augmented Vision in Vehicle-to-Everything Networks[J]. IEEE Transactions on Vehicular Technology, 2020, 69(10): 12187-12201.

[6] PENG Y Z, BENJAMIN F, XUE B L, et al. 5G MEC Computation Handoff for Mobile Augmented Reality[EB/OL]. (2021-01-01) [2022-06-30]. https://arxiv.org/abs/2101.00256.

第6章　元宇宙系统

作者介绍：

Tristan Braud，博士，香港科技大学综合设计与系统部助理教授。研究方向包括增强现实、移动计算、普适计算和人机交互。

6.1 现实与广告的差距

我所在的香港科技大学的团队一直在努力构建以用户为中心的多媒体系统，如云游戏、扩展现实和元宇宙网页。我们专注于此类多媒体应用的交互方法和隐私。如今，在专业硬件和复杂框架的支持下，扩展现实正变得更加普遍。Microsoft Hololens 和 Nreal 等头盔嵌入了多个传感器和显示器，可以精细地混合虚拟数字内容和现实物理对象。即使是智能手机这样不太复杂的设备也可以嵌入非常强大的传感器——Apple 公司将激光雷达嵌入 iPhone 和 iPad 以实现精细的环境映射。在复杂系统框架的支持下，这些硬件可以进行物体识别、映射、定位等操作。然而，目前扩展现实应用仍然非常有限。除少数导航应用和游戏 *Pokémon Go* 以外，大多数应用只把扩展现实作为噱头或者功能很差。

目前，大多数相关产品广告向用户展示的是虚拟数字对象与现实物理对象的完美结合，具有动态照明、宽视场，以及虚拟数字对象和现实物理对象之间完美的虚实遮挡。然而，实际上，在扩展现实中显示内容有很多问题。接触经常错位，虚实遮挡受到硬件深度感知的限制，内容往往定义不清，头盔有限的视场角大大限制了屏幕上可以显示的内容，甚至有时会同时显示过多内容导致信息过载。

那么如何从当前扩展现实的现状向更接近广告和艺术家设想的水平迈进呢？第一，需要提升应用程序及图形界面，完善现实世界和数字信息间的集成。第二，需要改进硬件，包括提升传感器（如激光雷达、深度相机、毫米波）性能；改进 CPU、GPU、TPU 性能以提升算力；提高通信能力以实现更快、更低延迟的网络传输（5G/6G、URLLC），从而实现更多分布式操作，并充分利用远程设备能力；改善扩展现实设备显示器（如亮度、分辨率、视场等）。第三，改进应用程序和硬件之间的系统框架，允许应用程序创建与物理环境更匹配的内容。第四，在应用程序层改善用户交互。

6.2 扩展现实操作系统

我们需要面向扩展现实的操作系统，该系统主要解决与硬件框架和用户交互相关的元素。为什么需要一款专门针对扩展现实的操作系统呢？第一，扩展现实应用有严格的限制条件，如果不满足这些条件，将大大影响用户体验。第二，与框架类似，操作系统可以标准化扩展现实操作，将扩展现实操作与系统更好地结合起来，同时避免不同的框架竞争造成资源浪费。第三，在传感器数据到达可能滥用这些数据的应用程序之前，标准化操作系统有助于保障数据隐私安全。第四，与计算机中

的键盘 / 鼠标类似，扩展现实操作系统将允许在不同的应用程序中进行标准化的用户交互。

在扩展现实中，数字内容会直接在用户眼前显示，因此，限制条件非常严格。为了令人信服地将数字内容与现实世界重叠，有必要调和显示界面与人类感官的分辨率。换句话说，显示界面需要为每只眼睛分配 2000 ~ 4000 像素，以确保用户可以忽略数字内容与现实世界的分辨率差异；显示内容满足光子延迟低于 15ms，以确保用户不会注意到虚拟世界和现实世界之间的错位；保持帧速为每秒 60 帧，以保障流畅的观看体验。如果不能满足这些限制，用户体验就会明显下降，长期使用会导致视觉疲劳、眩晕症、对齐问题和错误交互，最终降低沉浸感。

为了满足这些制约因素，我们建议在硬件和应用程序之间的接口上使用如图 6-1 所示的扩展现实操作系统（Extended Reality Operating System，XROS），并使用以下硬件架构。首先，对于 XROS 至关重要的传统组件是能够理解环境和场景的传感器、将数据传输给强力服务器的网络接口、向用户显示内容的显示器以及这些组件的专用芯片（如 GPU、TPU 等可以执行计算机视觉操作的芯片）。XROS 应该通过驱动程序从这些芯片中收集原始数据，并将这些数据通过预处理以可用的形式发送给框架和应用程序。

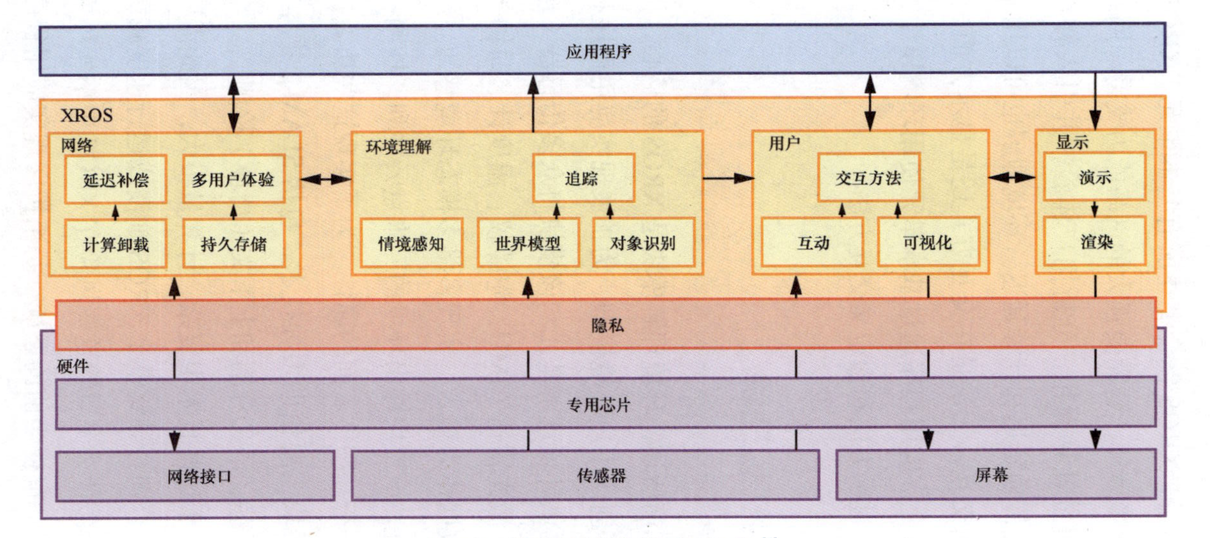

图 6-1　扩展现实操作系统框架 [1]

然后，XROS 整合上述所有基本单元。XROS 的核心是环境理解，这需要强大的网络能力支持。网络允许卸载海量计算操作、分析用户体验，并引入补偿技术来补偿传输延迟和计算延迟。环境理解也可以用来驱动用户的交互，无论是在交互方式还是显示方面。最后，XROS 允许应用程序通过基本单元使用环境模型、网络能力、显示方法和预定义交互方法。

6.3 环境理解

如前所述，环境理解模块是 XROS 的核心，可帮助 XROS 创建用户环境模型，为扩展现实应用程序和其他模块提供环境理解基元。该模块将众多传感器（包括摄像头、激光雷达、IMU、陀螺仪、温度计、时钟等）采集的数据作为输入，实现多维多模态环境感知。经过数据分析，该模块输出环境的三维点云序列，检测物体位置和姿态、物体表面的属性。为了实现这些功能，环境理解模块需要借助多种技术，包括 SLAM、物体检测、物体跟踪、语义分割和上下文（情境）检测。

由于这些技术很复杂，计算量很大，因此需要谨慎实施，否则会导致整个 XROS 崩溃或运行速度减缓。那么我们为什么要冒着这些风险在 XROS 中纳入环境理解模块呢？审视当前的系统，每个扩展现实应用程序在现有扩展现实操作系统框架支撑下建立各自的世界模型，程序之间没有交互，众多框架（如 Vuforia、ARCore、Wikitude、AR.js、AR ToolKit）提供类似的功能但彼此操作各异，导致市场高度碎片化。当前这种方式的主要优势是部署简单，开发者可以自由设计应用程序，不必考虑其他共享相同模型的应用程序。然而，这种方式效率低下，可复用性接近于零，多任务和应用程序之间的交流也几乎为零，应用程序大多是几个现存框架拼凑起来的功能集合体。假设我们想开发一款完整的扩展现实的游戏如 *Pokémon Go*，如果希望它可以在安卓系统中运行，那么可能会使用 ARcore 开发，用 Vuforia 实现室内场所识别，用 Wikitude 识别室外场景，用 YoLo 实现目标检测，用自研框架实现多用户操作。

相对而言，将环境理解模块纳入 XROS 的核心部件具有以下优势。首先，它允许以系统化的方式向应用程序提供环境理解功能。应用程序可以直接访问基础单元，实现世界模型在应用程序和用户间的共享、复用。另外，操作系统可将环境模型作为可共享资源在应用程序之间共享，使多个应用程序能够进行多任务处理。最后，通过在硬件和应用程序之间的接口工作，环境理解模块可以充分利用特定的硬件来执行计算密集型的任务，如物体检测或 SLAM。

6.4 传输延迟

扩展现实应用程序在很大程度上依赖网络表现。第一，计算量大的操作，例如在环境理解模块中执行的操作，可能会被卸载到边缘服务器或云服务器，但是任务卸载的传输过程会带来附加延迟，因此卸载传输网络性能直接影响终端用户体验。第二，用于用户协作时，几个用户的头戴式设备应可以共享数据，以便在用户之间实现共同的扩展现实体验。但是同样，共享数据的传输延迟会影响共享信息的时效性和用户体验，因此网络表现非常重要。

扩展现实的延迟预算很低。例如，头戴式设备的延迟容忍极限是 15ms 左右的光子延迟（同时它对抖动的容忍度也很低）。然而，由于扩展现实基于 2K（1080p）到 4K 的分辨率、每秒 60 帧的视频流传输，其数据传输量巨大，因此网络传输会导致显著的传输延迟。尽管有可能通过改变编码质量和比特率进行优化，但这又会导致更高的编码时延或视频质量显著降低。延迟会导致抖动[7]、冷启动延迟以及用户间体验脱离等问题。

为了减少延迟，XROS 需要提供情境感知的网络传输调度。根据应用需求、网络状态和用户需求，XROS 可以通过分层的通信和计算架构，决定何时在网络上

[7] 传输视频过程中数据是分段传输的，每段的传输延迟不同将造成抖动。

传输内容，以及在哪里传输，如图 6-2 所示。第 1 层是用户设备，算力低，但传输延迟为 0，可以应用 D2D（Device-to-Device，设备到设备，也称设备直连）卸载以提高计算能力，代价是很低的网络延迟。第 2 层由边缘服务器组成，具有低网络延迟、高算力和高环境感知能力。第 3 层是云，通常呈现出较高的网络延迟，但接近无限的计算能力。除优化传输和调度以外，还有必要开发以应用和用户为中心的延迟补偿技术，以隐藏延迟并消除其对用户的影响。

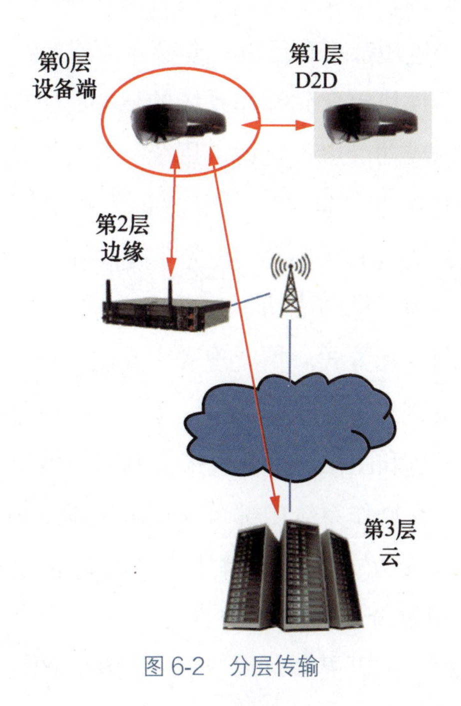

图 6-2　分层传输

6.5 交互

目前，扩展现实中多采用手势交互，这种方式较为笨拙，令人感觉不适。由于交互的大多数内容都是无形的，因此基于手势的交互系统无法准确表述，而且会导致大猩猩手臂综合征之类的不适症状。此外，基于手势的交互系统还很难被硬件和软件精准检测与辨析。操纵杆是一个不错的替代方案，但该方案同时又会产生一个新的问题，即操作杆会妨碍现实生活中的多任务操作。基于各种原因，现在市场上还没有出台一种标准的交互方法，每个应用都有自己的一套交互方式。

将交互模块整合到操作系统的核心，可能会重现键盘和鼠标的成功。也就是说，用统一的交互范式，如计算机的 WIMP 在不同的系统和界面上提供同质化的交互，甚至最终通过 USB 配置文件提供硬件支持。有趣的是，键盘和鼠标的成功导致了触控板等的发展，催生了更先进的交互方式。扩展现实交互的目标应该借鉴类似的成功案例经验，通过建立一套手势 / 硬件，开发一种共同的语言和图像展示范式来提升用户体验。

同时，在操作系统内部可利用环境理解模块的世界模型来开发交互方法。该解决方案允许将交互界面与现实世界相融合，通过集中管理待显示内容的方式避免信息过载；可以提高对用户和周围环境的认识以避免危险事故，例如，在行驶的汽车或其他危险源上方显示内容。

扩展现实是一项“永远在线”的技术，这意味着传感器将持续记录用户及其周围环境，这可能导致产生用户和周边人群的重要隐私问题。例如，在厕所、更衣室，甚至家里，敏感信息可能会被传送到应用程序供应商的服务器。周边人群受到的影响可能更大，因为他们甚至没有办法像用户一样访问被采集的数据（如用户拍照时可能会无意地拍到其他路人的面部）。保护用户和周边人群的数据隐私在很多国家不仅仅是道德和安全问题，更是法律要求。XROS 可以在处理传感器数据之前集成一个隐私层（如图 6-3 中的绿色模块所示），实现从环境理解处理中删除用户隐私数据，保障该类数据不会被转发给应用程序。

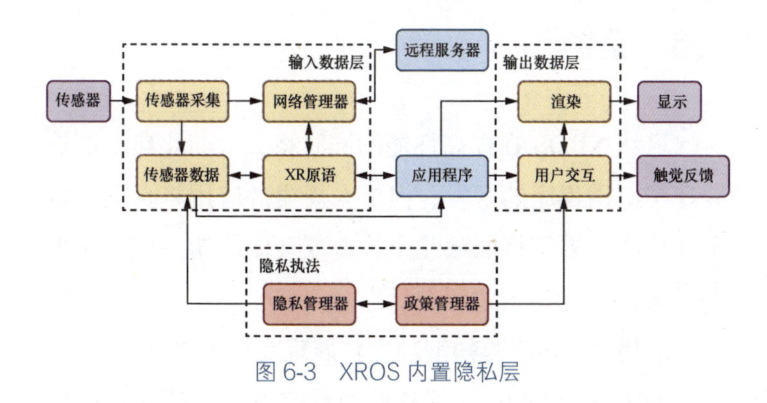

图 6-3 XROS 内置隐私层

如前所述，周边人群的隐私也是一个重要问题。由于他们不一定是用户，因此没有办法访问、纠正和删除关于自己的数据。周边人群的隐私可以通过设计默认操作来执行，同时给予他们覆盖自己数据的操作权限。如通过手势、标签或情境感知的预定义规则，提供操作移除自己被其他用户使用应用程序时不小心采集的数据。

总而言之，XROS 将以环境理解为中心，支持应用程序之间共享的单一世界模型，支持特定操作的硬件，支持利用网络进行用户协作和计算卸载。共享世界模型可以实现更好的人机交互，实现应用程序之间的同质化交互，防止信息过载，生成语境意识。最后，XROS 还会在硬件和处理之间构建隐私处理层，屏蔽应用程序和框架对隐私数据的访问。

6.6 案例

虽然 XROS 在提高性能的同时将大大简化典型性扩展现实应用程序的开发，但更大规模的应用将真正受益于其功能。本节将回顾几个日益复杂的应用案例，从中揭示 XROS 的运行过程及优点。

应用 1：环境感知型独立扩展现实应用程序。

ARCore 和 ARKit 等软件的特定设备框架能够以最

小的开发成本实现空间感知，使得开发人员能够利用用户周围环境轻松开发应用程序，进而更好地将数字内容与现实世界集成。此类应用程序的一个典型示例是游戏 *Pokémon GO*，它利用用户的 GPS 信息来触发位置感知事件，同时在 AR 中显示用户周围环境的物体。*Pokémon GO* 使用平面检测将物体锚定在现实世界中，运用光估测进行光照分析，使其与物理场景光照相吻合，运用深度估计对现实物体的数字内容提供遮挡。此外，*Pokémon GO* 依靠特定的物理兴趣点来收集资源，这些兴趣点分散在大部分现实世界中，允许全球范围内的游戏设计。

在操作系统层面集成这些功能，不仅可以在环境理解方面获得更好的性能和更高的准确性，而且可以为更多的功能打开大门。*Pokémon GO* 允许其他应用程序共享世界模型，这一全球视野使其能够从较低级别的操作中大大受益。与当前“用户使用 GPS 功能跟踪宠物小精灵（*Pokémon GO* 中的游戏角色），然后在扩展现实中捕获它们或将其置于完全的虚拟世界中进行选择”这一操作不同，这种操作将允许“始终存在”的扩展现实能在使用其他应用程序时偶然发现宠物小精灵。通过启用“始终存在”操作，这个游戏将进一步弥合现实世界与完全数字游戏之间的差距，允许玩家在他们的现实环境中体验游戏，类似于游戏角色在现实世界中遇到事件和宠物小精灵的方式。

除使用共享环境模型以外，网络访问还为与环境进行更连贯的交互打开了大门。与当前情况一样，*Pokémon GO* 游戏仅通过平面检测、光照和遮挡管理等提供与环境的简单集成。然而，通过将这些线索与环境映射和识别相结合，可以设计出使用物理环境属性的特定体验（例如，将带翅膀的宠物小精灵放在高处，而水基生物则置身于水中）。XROS 的联网模块允许应用程序利用强大的云内注册算法——这些算法更适合大规模的室内和室外环境映射与识别。与标准化环境识别管道相结合的联网操作的另一个好处是可以拥有多用户体验。多个用户可以在同一特定位置可视化相同的数字内容，并与之实时交互。此外，这样的操作还可以定位和增强用户本身，从而加强游戏中的存在感和沉浸式体验。

应用 2：大规模的扩展现实应用程序。

如今扩展现实应用程序的规模非常有限。大多数应用程序只是将数字内容与物理环境弱集成（如之前的应用程序所示），几乎无法识别实际位置。为数不多的能够提供位置感知体验的应用程序要么依赖于诸如 GPS 等不精确的技术，要么使用专有算法（如 Vuforia、Immersal、Augmented City）进行设备和云端识别。因此，大多数提供细粒度环境注册的应用程序仅限于小规模环境，并且大多数应用程序在非常特定的条件下运行[2]。先来看一下大学校园等环境规模较大的情况：大学校园呈现出各种各样的环境，包括各种规模的室内和室外环境，从小型办公室到大型室内中庭等，如图 6-4 所示。这样的环境通常与几乎没有明显特征的过渡空间相连，而教室和礼堂等一些环境可能会在整个校园中重复出现，这使得用户的位置成为一项非常具有挑战性的任务。

XROS 可以通过设备的各种传感器来实现这种大规模场景。通过将来自 GPS、磁力计、陀螺仪和加速度计的数据与来自本地 Wi-Fi 或 BLE（Bluetooth Low Energy，蓝牙低功耗）信标的信息相结合，可以获得用户的粗略位置，从而大大减少搜索空间，以便在现有环境模型上配准相机位姿。出于安全、隐私或性能方面的考虑，移动操作系统通常会限制应用程序开发人员可使用的感知功能。例如，当前安卓操作系统版本将 Wi-Fi 扫描的频率限制为每两分钟 4 次。但是在此期间，用户位置可能会大幅移动，甚至可能在校园内的两个地点之间进行转换。因此，在设备上实现的粗略定位可能非常不准确。通过在操作系统层面集成环境感知，XROS 可以规避这些限制，为用户提供更准确和普遍的大致定位。XROS 还可以平衡传感器的使用，以限制它们对电池的影响。例如，XROS 可以通过设备加速度计提供的用户运动信息来触发 Wi-Fi 扫描，而只在发生显著的位置移动时才进行进一步定位。

（a）大型户外环境，例如位于校园中央、具有重复图案和纹理的核心广场

（b）具有反光性表面的大型室内环境

（c）几乎没有可区分特征的重复区域

图 6-4　校园内的典型环境

XROS 在从设备无缝迁移到联网操作方面也具有显著优势，这具体取决于环境的类型。首先要考虑的是尽可能频繁地尝试在设备上进行配准，以便为用户提供低延迟操作。但是在大多数情况下，设备的能力不足以成功配准相机的位姿（如大范围的环境、重复性结构等）。因此，XROS 可以将对当地环境的感知（传感器数据、相机图像、通过 SLAM 获得的点云、粗略的用户位置）传输到远程服务器。通过在操作系统层面进行操作，XROS 的配准管线还可以访问网络链接信息，从而选择要传输到服务器的数据量（相对于可用网络容量）以及预期的往返延迟。

在如此大规模的情况下运行时，支持多个应用程序是有意义的。在当前模型下，每个扩展现实应用程序都在各自的执行环境中运行，并维护自己的用户物理循环模型。这种方法会导致大量的设备资源被用来维护多个环境模型。此外，在给定时间内只能执行一个扩展现实应用程序，会导致背景切换时间过长。设备的摄像头只能由单个应用程序使用，这意味着应用程序进入后台时视觉跟踪将丢失。如果用户位置在应用程序处于后台时发生显著变化，那么恢复设备在应用程序的世界模型中的位姿将变得非常困难，这会导致创建多个不相交的点云。XROS 将世界模型构建集成在操作系统的核心，并允许访问所有应用程序，从而实现多任务处理。通过建立对用户周围环境的深刻理解，XROS还可以用物理－数字背景感知的方式显示内容，这不仅可以避免两个不同应用程序的数字内容重叠，而且可以避免在混乱或不适当的物理位置之上一个应用程序的界面遮盖另一个应用程序的数字内容。最后，通过提供一套标准化的交互方法，XROS支持同时运行的所有应用程序连贯性使用，从而确保在多任务处理方案中提供一致的用户体验。

将扩展现实技术应用于大范围环境时，隐私便成为一个需要重点关注的问题。通过允许和鼓励“始终在线”的操作，进而广泛感知用户周围的环境变化，应用程序会收集有关用户及其日常生活的重要数据。将此类数据传输到云端时，云服务器可能会对用户执行重大推测，从而严重威胁到用户的隐私。不过，世界上许多地区都制定了相关法律，通过知情同意以及纠正或删除数据等机制来保护用户的隐私。然而，扩展现实应用程序的普遍感知能力不一定受此类机制控制。因此，扩展现实应用程序会带来严重的道德问题，甚至可能违背某些国家或地区的法律，例如，欧盟的《通用数据保护条例》就在数据收集和处理之前加强了知情同意制度设计。通过将隐私层集成作为数据处理的第一步，XROS可以在将大部分数据传递给应用程序之前对其进行匿名化处理，例如，在将数据传递给应用程序之前，删除任何有关识别的信息（包括人脸、衣服、车牌等）。从数据中删除旁观者的形体还具有其他好处，即删除用户周围环境的一个主要移动元素，提供更能适应变化的环境模型。最后，通过利用无处不在的背景感知，XROS 可以识别不应映射的区域，无论是应用户的要求（如用户住所室内），还是应文化和社会习俗等的要求（如公共厕所内）。

虽然我们只讨论了大学校园的案例，但是有关该应用程序的开发设想可以复用到其他类型的大型环境中，如购物中心、城市社区、大型办公区、政府大楼和博物馆等，如图 6-5 所示。

应用 3：物联网和智能城市交互。

当在校园、城市甚至世界范围大规模启用扩展现实时，这些应用的重点将从使用数字内容增强用户的直接环境转变为提供有关环境操作的背景感知信息[3]。

在智能城市和互联城市的背景下，XROS 在向用户提供背景感知数据的同时，可以利用城市的感知系统来加强其定位。附近的城市系统提供了与用户在城市中的角色相关的数据，也提供了与当地环境相关的其他参数。例如，油量不足的车辆司机可以通过支持扩展现实的挡风玻璃接收附近加油站的信息；游客可以在午餐时间获得最近的高档餐厅信息；行人可以预先获知通勤路径的信息。城市工作人员还可以利用扩展现实来收集与其工作相关的城市系统运行的精准信息，无论是隐藏设

（a）商场内具有重复图案的大型室内环境 [8]

（b）瞬息万变的户外市场 [9]

（c）拥有重复性建筑、反射性表面、楼层、独特艺术品的大型室内博物馆环境 [10]

图 6-5 在大学校园之外面临配准挑战的其他类型的环境

8 "Night in Times Square, Causeway Bay, Hong Kong" by Timhaowemi.

9 "Chun Yeung Street near North Point Road, North Point, Hong Kong" By Mk2010.

10 "Cour Marly - Musée du Louvre – Paris" by Jean-Christophe BENOIST.

施（如地下管道和电缆）位置可视化，还是通过仪表读数快速诊断和监控设备并进行维护等。最终，游戏等娱乐应用程序能够利用城市系统，推出一种进一步锚定在现实世界中的体验，让虚拟环境与城市系统高度耦合，而不仅仅是对视觉环境的理解。

联网驾驶是将 XROS 连接到物联网系统的重要应用。许多交通事故都是由能见度下降引起的。车辆可以共享数据以提供超越用户眼界的视场，这些数据可能通过增强现实挡风玻璃覆盖在现实世界的顶部，并告知驾驶员当前被墙壁或其他车辆遮挡的潜在危险源[4]。基于其分布式的性质，XROS 尤其适应这项任务：通过将车辆构建的世界模型共享到位于网络边缘的服务器，再通过这些服务器将模型聚合到自己的全球模型中，最后将聚合的模型分发给一定范围内的所有车辆。通过处理有关用户环境的内容显示，XROS 还可以将来自其他车辆的数据叠加在信息密度较低的区域（例如墙壁）的顶部，并执行过滤以避免信息过载[5]。

此外，XROS 还可以作为移动传感器，为城市规模的数据收集做贡献。通过将无处不在的感知功能与精确的设备定位相结合，XROS 可以向城市系统提供更多数据，例如，可以评估公共交通中不稳定的交通状况或繁忙十字路口的拥挤程度。除可以充当视觉系统以外，扩展现实设备还可以嵌入其他传感器，如温度和光度传感器甚至是空气质量传感器等。通过将此类移动传感器的数据与来自城市系统固定传感器的数据相结合，XROS可实现广泛的传感基础设施建设，使城市系统和扩展现实用户都受益。

应用 4：元宇宙和与虚拟世界的互操作性。

元宇宙的出现引发了有趣的应用案例。目前广泛认为扩展现实将成为元宇宙的重要技术支柱。然而在实践中，大多数部署计划都瞄准了虚拟现实或完全虚拟的世界，几乎没有与物理世界相关的内容。因此，当前的大多数元宇宙实践要么针对非常具体的应用（如提高远程会议中的存在感），要么针对缺乏游戏元素的模拟视频游戏。我们认为，元宇宙需要牢固地锚定在现实世界中，无论是通过在虚拟世界中复制物理对象和事件，还是通过混合现实技术将物理和数字相结合为用户提供移动体验都应如此。在后一种情况中，用户体验的核心是基于 XROS 实现环境理解与远程资源的互联以及用户交互（参见应用 1 和应用 2）。此外，通过将用户的设备集成到物联网生态系统环境中（参见应用 3），XROS 进一步实现了将物理事件复制到虚拟世界的可能性。通过 XROS，用户设备将成为现实世界和虚拟世界之间的双向接口。

与 Web 类似，我们希望元宇宙由许多相互关联的世界组成，这些世界在不同程度上混合了物理空间和数字空间，用户可以通过头戴式设备访问这些世界。但是，这些提供牢固锚定在物理环境中体验的应用程序，可能很难与任何虚拟世界集成，这个问题可以通过以下两种方式解决。

- 通过扫描体验发生的物理环境，将混合现实体验集成到虚拟世界中，并在完全虚拟的环境中进行复制。但是，这种技术需要精确的 3D 扫描，而且可能因为无法将物理事件复制到数字孪生体中而受到影响。
- 为现实世界中的虚拟环境提供“门户”，将现实世界的混合现实视图替换为纯虚拟环境。但是，这种解决方案受用户物理环境的约束，如果不在专用区域执行，则可能会带来安全风险。

XROS 通过对用户的物理环境进行广泛感知监测，为这个问题提供解决方案。通过同时组合来自多个视点的数据，XROS 允许从网格划分和纹理等运动技术中运行高级结构，创建现实世界的数字表达，使其集成到虚拟环境中。此外，通过强调标准化，XROS 可呈现由其他操作系统和设备开发人员实现的组件，从而允许这些技术的广泛部署。当达到某个用户临界质量时，XROS 用户的数量将足够巨大，可以实时传输现实世界中正在发生的事情，将所有物理事件复制到虚拟环境中。XROS 还可以与物联网生态系统和现有的建筑信息模型集成，允许重新使用现有的 3D 数据实现环境再造。图 6-6 显示了如何将这些数据集成在一起。

6.7 访问

问题：你认为扩展现实需要一个标准化的公共系统，还是像目前状态的异构系统？

Tristan Braud 博士：我相信两者都可以做到。我认为对元宇宙来说重要的是避免垄断。从这个角度来说，单一的操作系统、单一的协议可能不是最好的办法。然而，有一个标准很重要，例如网络通信中，虽然网络由多种多样的异构设备构成，但需要统一的通信协议栈让所有人可以无障碍地交流和传递数据。我提到的标准化操作系统，目标是让系统之上的多个应用程序可以共享资源。

6.8 小结

现实场景中的沉浸式交互体验是元宇宙的重要特点之一，其中，人城交互是元宇宙未来广泛存在的交互形式之一。当前，很多城市基于数量庞大、种类繁

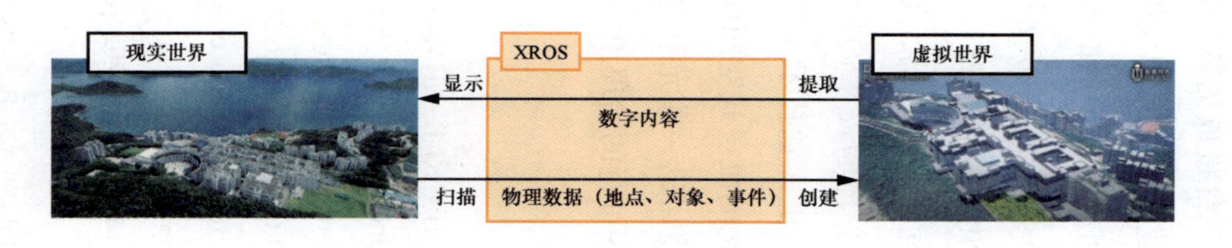

图 6-6　XROS 将作为元宇宙中虚拟世界和现实世界之间的接口。XROS 将数字内容叠加在现实世界之上，同时扫描物理环境、对象和事物，并将它们复制到虚拟世界的数字孪生体中

多的传感器收集分布广泛的用户数据，以便进行大数据分析。这些数据平台将成为数字孪生的一个强力支撑点，有望帮助搭建现实世界和虚拟世界之间的桥梁。

然而，要满足可扩展的广泛的沉浸式人城交互（见第 2 章），元宇宙需要最小化用户感知延迟、最优化视觉呈现表达、人性化空间体验感。为此，需要以边缘计算和云计算的协同框架为基础（见第 5 章），搭建面向元宇宙沉浸式服务体验需求的标准化系统（见第 6 章），充分利用计算机视觉技术（见第 4 章），优化信息表达并提供人性化的沉浸式空间体验感（见第 3 章）。

接下来，我们将讨论一些元宇宙可能引起的重大社会问题，并提出一些可行的治理预案。

参考文献

[1] TRISTAN B, LIK-HANG L, AHMAD A, et al. DiOS -- An Extended Reality Operating System for the Metaverse[EB/OL]. (2022-01-10) [2022-06-30]. https://arxiv.org/abs/2201.03256.

[2] TRISTAN B, CARLOS B F, PAN H. 2022 IEEE Conference on Virtual Reality and 3D User Interfaces Abstracts and Workshops (VRW): Scaling-up AR: University Campus as a Physical-Digital Metaverse, March 12-16, 2022[C]. Christchurch: IEEE, 2022.

[3] LIK-HANG L, TRISTAN B, SIMO H, et al. Towards Augmented Reality Driven Human-City Interaction: Current

Research on Mobile Headsets and Future Challenges[J]. ACM Computing Surveys, 2022, 54(8), 1-38.
[4] PENG Y Z, TRISTAN B, ALEKSANDR Z, et al. Edge-Facilitated Augmented Vision in Vehicle-to-Everything Networks[J]. IEEE Transactions on Vehicular Technology, 2020, 69(10): 12187-12201.
[5] PENG Y Z, PRANVERA K, YUI-PAN Y. AICP: Augmented Informative Cooperative Perception[J]. IEEE Transactions on Intelligent Transportation Systems, 2022, 3(10): 1-14.

第三部分　元宇宙的社会问题

第三部分对元宇宙可能产生的社会问题，从更深远的角度进行了探讨。内容涉及元宇宙对生活、隐私等方面的影响（见第7章）、结合可信人工智能讨论元宇宙的可信问题（见第8章）、元宇宙中的恶意用户和检测问题（见第9章）、高效构建元宇宙（见第10章）。

第7章　元宇宙的道德问题

作者介绍：

Carlos Bermejo，博士，香港科技大学SymLab实验室博士后研究员。研究方向包括物联网、隐私、移动增强现实、人机交互、社交网络和设备间通信。

7.1 感知层隐私

扩展现实技术被用于游戏、军事训练、建筑设计、教育、社会技能培训、医学模拟和心理治疗等领域，为个人和社会提供了许多便利，例如元宇宙虚实混合环境下的艺术创作。通常，用户设备主要包括头戴式显示器，追踪并向用户提供反馈的可穿戴设备，以及触觉设备等。这些设备可以根据用户的步态逐渐学习到谁在使用它们，而基于步态的数字指纹在扩展现实环境中可能引起严重的隐私问题。

人们将扩展现实和未来的元宇宙技术用于收集大量信息并处理敏感数据，包括用户的生物识别数据、独特的设备标识符、位置，家庭和企业内部的信息，以及个人隐私信息（如身体、文化、经济）、用户行为（如习惯、选择）、通信信息（如与个人通信有关的元数据）等。然而，很多时候用户不知道这些设备在持续采集数据，便欣然接受这些技术带来的好处和隐私风险。此外，广泛的数据收集不仅对用户的隐私构成威胁，而且可能使得扩展现实和元宇宙用户周边的人群也受到影响。

如何通过技术、法律和政策手段保护元宇宙用户的隐私？依靠数据收集限制的现有框架可能会因元宇宙的数据刚需而受挫。目前的隐私增强技术（Privacy

Enhancing Technology，PET）是一种可行方案，但需要进一步研究，以便在元宇宙中进行部署。利用边缘计算的私人数据的本地化数据处理从物理层面提供了一些保障。应用层的一种可行办法是当个人数据被收集或传输时，提供视觉（和音频）提示；或者当设备在感应环境时，向用户之外的周边人群进行提示。元宇宙开发公司必须遵守法律法规，部署技术和策略解决方案，以赢得用户的广泛信任。

7.2 元宇宙隐私威胁

元宇宙的数字化和沉浸式体验引发了更多的隐私威胁。首先，逼真的数字化身可能会与新出现的挑战交织在一起，包括深度伪造和视听操纵等。其次，沉浸式游戏和教育也可能创造出一个充满干扰性的弹出式广告和来自路人的实时共享信息流的世界。因此，社会可能会被迫调节不同的“数字信息层”，这些数字信息层可以打开或关闭与“公共”元宇宙数据层的信息交互。

在元宇宙中，用户创建的化身可以遵循真实的个人特征（如年龄、性别），或者虚构一个动物或者虚拟人，又或者使用深度伪造模拟其他人。黑客可以使用这样的化身混入虚拟世界。如图 7-1 所示，黑客使用垃圾袋当作化身，偷听其他用户的谈话。同时，用户也可以用类似手段抵御黑客的攻击，如在元宇宙中购物时，用户可以在不同的地方放置几个化身副本，使得黑客不知道真正的用户在哪，无从下手。

图 7-1　黑客的垃圾袋化身

在元宇宙中，人们通过维护个人空间来调控日常生活中的交互，以允许某些用户和物体进入其个人空间。人们也可以用个人空间来分享私人信息和行为。个人空间是可塑的，可以根据发生的交互而扩展和收缩。虚拟现实中的私人“数字空间”的运作类似社交媒体上现有的公共团体和私人团体。就像 Meta 公司开放的 Horizon Worlds 一样，其支持所谓的隐私泡沫，允许用户保留一个不受侵犯的私人空间，不被泡沫之外的用户或物体触碰，用户之间也不能进行语音交流。

总而言之，元宇宙应该重视用户在感官层面和行为层面上的隐私保护。此外，元宇宙应提供适当的工具和技术，以尽量减少数据垄断的可能性，即平台的特定成员（如设备制造商）持有大量关于其成员的个人信息。接下来，我们将讨论元宇宙面临的治理方面的挑战。

7.3 元宇宙治理

在元宇宙治理方面，我们主要关注两种方法——智能合约和去中心化自治组织（Decentralized Autonomous Organization，DAO）。智能合约是存储在区块链上的简单程序，当满足预定条件时就触发运行。智能合约可以自动执行协议，使得所有参与者立即确定结果，没有任何中间人的参与或时间损失。智能合约执行的操作无法篡改，且仅对参与者可见。DAO 以智能合约为支撑，定义组织规则，并持有该组织的财务。DAO 的决策由提案和投票来决定，以确保组织的所有参与方都有发言权。DAO 是互联网原生机构，由其成员集体拥有和管理，不需要任何首席执行官、首席技术官等。

未来的元宇宙从某些角度来说像一个权力机构，需要拟定谁来负责监管、制定规则。我们可以借鉴两种经典的应用——在线社区和大型多人在线游戏。在线社区的治理风险随用户数量增加而逐渐升高，其缺乏真实生活治理的许多基本手段——如西方政治体系中的陪审团、政党、任期限制和正式辩论，等等。传统在线社区的治理通常是自上而下的、专制的和惩罚性的。开发公司掌控在线社区，以后台或版主的形式，在社区中使用自定义的衡量标准，一旦发现用户有违背标准的行为或言行，就可能将其移除或禁言。新一代在线社区和研究人员正在尝试更多的监管方法，使平台运营商及其用户能够从模块化的计算组件中建立自下而上的自治过程。大型多人在线游戏则通常靠玩家互相监督，游戏公司不需要直接派人监管，因为玩家们有足够的内驱力督促其他玩家遵守规则以保障自己的利益和体验。元宇宙中的治理也许可以采用与后者类似的方式，通过联邦模型实现多方共同监管。或者为相似群体搭建特定虚拟空间，并采用一些管理工具来监管成员。还可以通过区块链和 DAO 等技术来控制用户的不当行为。

总而言之，元宇宙中的软件代码和规则就像现实世界的自然法则一样制约了元宇宙的运行。在此框架下，开发者制定的规则可以有力地促进、鼓励甚至限制社会行为。保障规则的执行需要监管，然而在很多场景下，这种监管可能会侵犯用户隐私，导致运营公司与用户的矛盾，就像Meta公司频繁爆出的对用户监管的新闻已经使很多用户对它非常不满甚至停用。相对而言，大型多人在线游戏的监管方法可能更值得借鉴，这就如同英国哲学家Jeremy Bentham提出的全景监狱一样，赋予每个用户监控其他用户的权利和义务——当然这比较理想化。现实可行的方法之一是基于算法治理的DAO，采用分布式的方法，每个参与者都可以参与决策。

然而，DAO也面临着一些挑战，例如算法的制定者可以通过其制定的算法间接实现对系统的监管，因此DAO的创建者在其社区内有非常大的权力和影响。另外，虽然DAO规定算法的原始代码保持透明，但这并不能保障其可读性，即人们不一定能够完全理解它的工作原理并有效地管理它。像其他框架一样，由于其代码和算法漏洞，DAO也会受到黑客攻击，而且已经发生过几次大规模的事件。因此需要采用声誉机制（如“赞美”“信用”和“信任分数”是DAO验证参与者身份的常用工具），以建立社区的信任基础。最后，当DAO完全自治时，一旦发生争议，没有更高的权威机构进行仲裁。

目前，Decentraland和Sandbox是两个基于DAO管理社区而不被任何中央实体或公司控制的平台。其社区（用户）可自行制定行为准则和政策，例如，在DAO启动后，有关可穿戴物品、内容审核、土地政策和拍卖等的准则和政策。

接下来简要讨论一些问题和挑战。正如当下的互联网，元宇宙技术远非完美，至今仍然有很多隐私问题。元宇宙会带来很多机遇。例如，元宇宙将重塑一些行业，创造新型就业岗位、新式教育模式、数字化医疗保健体系，并协助规划城市空间等。同时，元宇宙也面临很多问题，例如，在元宇宙中如何保护知识产权，如何处理元宇宙中人的数字孪生体被伤害的问题，总部设在元宇宙的虚拟公司如何征税，等等。此外，因为元宇宙还被认为是互联网的下一个形态，所以其发展也需要来自国际监管方面的努力。

这些问题没有明确的解决方案，也没有独特的方法论。例如，逐渐受到关注的不可伪造的代币或 NFT 已经显示了区块链系统在虚拟空间中保护数字资产所有权的潜力。类似的解决方案也可以应用在保护知识产权方面。

鉴于元宇宙伴随有复杂的监管问题，政府机构可以考虑建立关于预测性监管的跨领域小组或者战略小组，系统地跟踪新兴的沉浸式技术在近期、中期和长期内面对的风险和机遇。需要强调的是，这些动作需要提前布局，否则就会像今天的互联网一样，由几家互联网巨头控制并垄断全世界的市场、用户和数据信息。

最后，也是最重要的一点，元宇宙将极大地影响人们的生产和生活。元宇宙可以被看作一种社会公益，其中可及性、多样性、平等性、人性和信任是其创建的基本支柱。

- 可及性：元宇宙将突破物理上（如地理位置）的限制，使全球协作成为可能。
- 多样性：元宇宙是一个具有无限空间的平台，用户可以在其中进行多种活动，如社交、游戏、学习等。
- 平等性：元宇宙是平等的，不再有种族、性别、残疾和社会地位的区别（如可自由创建化身）。
- 人性：开创了文化交流和保护之门（如在虚拟世界中保存和修复艺术作品）。
- 信任：信任系统将在元宇宙中发挥重要作用，用于管理信任的控制和分享。这个系统将减少错误信息（如虚假新闻），并在决策过程中增加一个额外的验证层（如 DAO）。

我们没有一个独特的解决方案来创建元宇宙，但在这个过程中，有几个方向需要考虑。在创建元宇宙的过程中，应该考虑新的方法（如以人为本的设计），人类 / 用户应该参与到创建元宇宙的所有方面；元宇宙应该避免目前互联网中发生的数据垄断；限制其他各方（如设备制造商）收集元宇宙中的数据；在模块化的计算组件中建立自下而上的自治过程；（尽可能地）采用分散的方法来管理决策；基于联邦的模块来管理元宇宙的不同方面；信任系统，以减少决策过程中的错误信息和攻击。正如之前提到的，我们可以把元宇宙看作一种社会公益，在这里良好的行为会受到激励。

第8章　元宇宙的可信保障

作者介绍：

周鹏远，赫尔辛基大学博士，曾获欧盟玛丽居里奖学金，中国科学技术大学网络空间安全学院数据空间研究中心副研究员。研究方向为多方安全计算和扩展现实。

李力恒，香港科技大学许彬（Pan Hui）院士团队计算机博士，韩国科学技术院（KAIST）助理教授，韩国科学技术院增强现实和媒体实验室主任。主要研究方向是虚拟现实和增强现实中的人机交互问题。

8.1 元宇宙沉溺隐患

当下，每个人都对元宇宙的概念感到兴奋，其实这个概念已经以其他形式存在很长时间了，如虚拟现实（VR）、增强现实（AR）、混合现实（MR）和扩展现实（XR）。可以预见，在不远的将来，越来越多的网络服务和应用将转变为元宇宙中的沉浸式服务，将物理现实和虚拟现实与无缝的用户体验结合起来。理想情况下，用户可以使用 AR 隐形眼镜之类的轻便的可穿戴设备，取代现在笨重的头戴式显示器来享受科幻的 MR 体验。届时，用户可以在无尽的虚拟世界中真正地“生活”和“体验”，感受现实世界中不存在的各种景象，体验在《黑客帝国》中生活的感觉。

然而，完美的虚拟 - 现实世界的混合，可能意味着没有网络空间的“出口”，网络空间将与人们生活的每个方面完全融合，用户几乎不能轻易摆脱虚拟世界的虚拟实体，因为现实世界的服务可能与虚拟世界的某些网络服务或元素交织在一起。在这样一个高度混合的虚拟 - 现实环境中，用户可能不容易找到纯现实世界的交互场所。即便在社交聚会中，人脸之上也会附有 AR 覆盖物（如一个人的身份）。这样的混合世界若出了问题，将会变得很可怕，然而人们好像并未从过去的经验中吸取教训，仍在不顾后果地全力向着这个带有极大风险的美好愿景冲刺。根据 2020 年的相关用户研究[1]，英国成年用户平均每天要在互联网（包括使用智能手机、电视和计算机）上耗费 6 小时以上，美国用户每天仅浏览 Facebook 网站就要花上约 1 小时，而“Z 世代”则更是达到平均每天在屏幕前花 9 小时的夸张状态。过度上网或使用屏幕有成瘾风险，从而导致身心问题。诱人的沉浸式体验可能会使这种成瘾性在元宇宙中上升到一个更高的层次，造成更严重的后果。

目前，花在移动设备和互联网上的屏幕时间仍然是衡量用户成瘾水平的主要指标。出于用户健康的考虑，智能手机或其他触摸屏设备均可通过健康管理设置，向用户报告其屏幕时间，提醒某些用户该时长已超出指标，属于过度使用。然而在新冠肺炎疫情期间，在线学校教育和远程工作在很多地方逐渐取代了传统的线下参与形式，降低了屏幕时间这一指标的有效性。同样，深度混合的虚拟 - 现实世界没有为用户提供明确的“出口”，因而现有的预防措施很难根除元宇宙时代的成瘾隐患。从长远的角度看，人们必须意识到该确定性威胁并与之共存，了解其负面影响和症状以帮助识别和解决此类问题。此外，由于人们经常受人机交互界面操控元素的干扰，而忽视对某些数字选择和习惯的上瘾[2]。因此，对网络空间特别是用户界面设计的监督和管理，可以有效缓解成瘾性。提供元宇宙服务的相关公司应该遵守道德标准，尽量减少 3D 虚拟空间中的黑暗模式。监管机构应借助元宇宙虚拟空间的自动工具来监测恶意的界面，并强制这些公司对元宇宙成瘾负全责。

总而言之，人们应该学习现有网络空间的经验，并秉承通过适当的设计和策略造福用户的理念打造元宇宙，如此元宇宙才有可能为人们提供更好的生活质量。因此，研究人员和政策制定者应该花大力气设计适当的框架和计划，以促进对普通公众，特别是对在元宇宙中容易上瘾的青少年用户测量网络空间成瘾的研究议程。

8.2 可信人工智能元宇宙

如今，人工智能在许多领域都表现出先进性，并且广泛地应用于日常生活的许多领域，包括推荐系统、医疗保健、智能工厂、金融建模、教育、科学和商业等。然而，这种整合允许人工智能系统访问来自无数用户的大量数据集。人工智能系统可以利用这些数据集以及强大的网络和计算能力来学习非常细化和潜在的用户敏感信息和行为。此外，对大多数用户来说，人工智能系统就像一个黑匣子，其内部决策过程几乎一无所知。这引发了人们对人工智能系统的道德的担忧，特别是对公平、隐私、安全、系统的可靠性，以及人工智能的可信度的担忧。

为了加强用户对人工智能系统的信任，可信人工智能（Trustworthy AI，TAI）领域近几年受到全世界众多国家或组织（如欧盟、美国）以及众多科技巨头（如IBM、谷歌、Meta）的极大关注。TAI 的主要目标是确保用户的基本权利，同时仍然允许企业保有负责任的竞争力[3]。TAI 一词已存在多年，并得到 2019 年发布的著名的欧盟 TAI 指导方针推动[4]。

对 TAI 而言，指标参数是重中之重，其对准确衡量系统的可信度和人工智能技术提供的保护量至关重要。作为可信度的量化，TAI 指标可以通过一个或多个系统属性或系统状态的形式来评估可信度。由于各种场景、用户需求、处理过的数据、对手、法规和法律的不同，适当的 TAI 度量在不同的领域各不相同。作为几个相关需求的整合，TAI 应该包含多个“维度”。尽管目前的文献使用了大量的个案指标，但还没有提出一个全面系统的、侧重于指标选择的 TAI 大纲，这使得普通用户甚至专业人士在指标选择上面临挑战。未来的沉浸式元宇宙将包含比当前网络空间更复杂的系统，系统性能和用户体验的定义将更为复杂。因此，目前的指标和指标选择逻辑可能需要增强和进化以适应这种复杂性。

在当前的网络空间中，人工智能技术支持应用程序和人类用户进行交互，但用户和应用程序之间仍然是分离的。因此，TAI 的衡量标准主要集中在系统性能和技术指标上。然而，在元宇宙中，用户化身、认知情感交互产品和其他类似的人形物体将在提高用户的参与感方面发挥重要作用，以帮助用户无缝体验混合的虚拟－现实世界。更重要的是，上述的化身和人形机器人将与人类用户合作。因此，以用户为中心的 TAI 指标（如关注认知、情感和心理的指标）以及元宇宙中的感应监测，将成为理解鲁棒性、隐私和公平性的新动力。新兴技术可能有潜力通过理解用户的内部状态来解决这一挑战。例如，先进的脑机接口可以通过监测反映大脑活动的生物电信号，在一定程度上估计用户当前的情绪、注意力或疲劳程度。这些新兴技术可能允许定量测量目前依靠有限规模的定性实验（通常基于用户访谈）的抽象指标。

然而，这些技术仍然不成熟。此外，这些技术的实用性和适用性可能有限，因为它们通常需要用户配备额外的设备，使用非常不便。目前的沉浸式头盔也有类似的问题。因此，对 TAI 评估的用户研究等定性措施的要求可能是合理的，例如，为信任保障的人工智能服务引出用户需求。然而，目前了解用户的方法在很大程度上是昂贵且耗时的。因此这个时效性问题是有待解决的一个挑战。

最后，当前人工智能系统的可信任度的治理大多由服务提供商和一些第三方公司和政府机构来负责。随着用户对TAI认识的提高，TAI治理的一个关键挑战是如何以更加标准化、透明和系统化的方式评估和保证公平性、隐私性和鲁棒性。此外，即将到来的元宇宙将以前所未有的大规模将更多的人工智能服务整合到日常生活中。由各个单独的服务提供商进行治理会产生协调和标准化问题，无法保证可信度标准的公平性。此外，对数量有限的第三方公司或政府机构来说，这个负担可能太大。因此，建立一个自主的治理平台，即“元TAI”，来治理TAI的表现[5]，可能更值得探索。元TAI可以由参与国家授权的一些值得信赖的机构协作治理，同时为各种人工智能服务的提供者及其个人解决方案提供TAI评分。该平台可以节省人工量，同时确保用户与人工智能交互周期的各个阶段的标准公平。

我们对于确保人工智能在元宇宙中的可信保障提出以下建议。

- **仔细筛选数据**。仅仅将海量数据“投喂”给人工智能模型训练是很危险的：数据通常会从收集它的现实世界中继承偏见。系统操作员应仔细选择数据样本，重点是确保数据多样性。
- **设计一个公平的系统**。系统应保证对所有用户一视同仁，不受年龄、教育程度、环境等因素的影响。公平的系统设计有助于确保数据收集的多样性。

- **设计一个公平的人工智能算法**。为了提高大多数人的效用，人工智能算法通常会优先优化常见的性能指标，例如预测准确度。出于这个原因，许多人工智能算法设置了阈值来避免可能影响此类性能目标的用户参与，例如网络带宽低的用户。在公平的人工智能算法设计中，算法性能和公平性之间的权衡非常重要。
- **确保公平使用**。在设计公平的系统和算法并使用公平收集的数据样本进行训练之后，下一步是确保所有用户公平使用，没有基于种族、性别、年龄等的偏见。这是允许不断收集多样性数据和用户反馈以优化公平性的关键步骤。

参考文献

[1] CATHERINE H. How Much of Your Time is Screen Time?[EB/OL].（2021-06-15）[2022-06-30]. https://www.uswitch.com/mobiles/screentime-report/##uk-adults-spend-half-of-every-day-in-front-of-a-screen.

[2] ARUNESH M, MIHIR K, JONATHAN M. CHI '21: Proceedings of the 2021 CHI Conference on Human Factors

in Computing Systems: What Makes a Dark Pattern... Dark?: Design Attributes, Normative Considerations, and Measurement Methods. Association for Computing Machinery, May 07, 2021[C]. New York: ACM, 2021.

[3] European Union. EU Charter of Fundamental Rights[R]. Brussels: EU, 2012.

[4] High-Level Expert Group on Artificial Intelligence. Ethics Guidelines for Trustworthy AI[R]. Brussels: EU, 2019.

[5] PENG Y Z, BENJAMIN F, LIK-HANG L, et al. Towards User-Centered Metrics for Trustworthy AI in Immersive Cyberspace[EB/OL]. (2022-02-22) [2022-06-30]. https://arxiv.org/abs/2203.03718v1.

第 9 章　检测元宇宙中的恶意账户

作者介绍：

陈阳，博士，复旦大学副教授，CCF 互联网专委会委员，CCF 协同计算专委会委员。主要研究方向为在线/移动社交网络、网络架构和云计算。

我们一直在做社交网络尤其是与安全保障相关的工作，从中可以总结经验教训，以安全地建设和推广元宇宙。元宇宙和社交网络有很多类似之处，但也存在许多显著的区别。如何把社交网络中的经验教训整合、调整、迁移到元宇宙的运用当中，是一个很重要且具有挑战的课题。

9.1 社交网络恶意用户检测

社交网络与人们日常生活息息相关，甚至可以说绝大多数拥有智能电子设备的用户，大概率每天都会使用社交网络，且使用的时间逐年上升。人们使用社交网络（如微信）和朋友互相分享新鲜事，或者通过微博等快速获取社会热点新闻，以及使用招聘网站来寻找工作机会，等等。当今社会，社交网络已经覆盖人们日常生活的方方面面。2021 年开始，由 Facebook 公司（现 Meta 公司）带动的全球社交网络公司正式进军元宇宙。其实，Meta 和 Microsoft 等科技巨头早在很多年前就开始投入相关的研发工作——VR 和 AR 曾多次出现在他们的产品和新闻中。元宇宙算是一个对各方相关科技领域的大汇总，从技术角度说，元宇宙的出现可以带来社交网络的革新。因此，总结社交网络中的管理方法、安全保障以确保用户体验等，对元宇宙社交网络非常重要，如图 9-1 所示。

（a）从在线社交网络中吸取的教训　　　　（b）保护元宇宙安全

图 9-1　社交网络安全对元宇宙的借鉴意义

在社交网络安全方向，我们研究了不同类型的社交网络，包括基于位置的社交网络、在线开发者社区、在线约会应用等，如图 9-2 所示。此外，我们的另一个相关的研究方向是用户行为分析，包括跨网站的用户行为。元宇宙中的用户可以在不同的社区有自己的化身或者“财产”，如何帮助这些化身和“财产”建立安全的同步联系；如何检测元宇宙社交网络中的重要用户（类似在社交网络当中挖掘所谓的结构洞占据者，即占据社交网络中比较特殊位置的用户等），都是社交网络的研究课题，这些课题在元宇宙中依然会扮演重要角色。

首先介绍我所在团队提出的一个社交网络安全方案——DeepScan[1]。它算是最早的在社交网络中应用深度

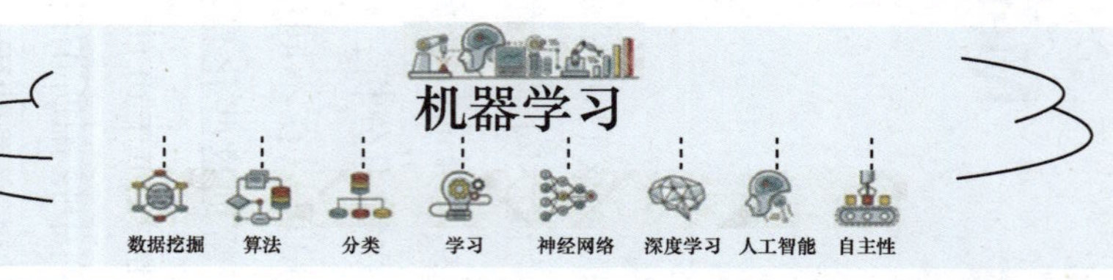

图 9-2　社交网络安全研究课题

学习进行账号检测的方案。研究这个课题的初衷是由于很多社交 App 提供签到、评论等实时或者非实时的评价功能，这些评价在其他用户选择店铺和购买商品的决策过程中起到至关重要的作用。可以说在当今，用户评价比广告更受用户的信赖。因此，恶意用户会绞尽脑汁操控、利用用户评价。举一个比较极端的例子，在 Swarm 这个平台上，签到后可以获赠虚拟金币，而虚拟金币又可以在纽约的一些商店兑换成真实的货币，因而这对恶意用户的吸引力非常大。恶意用户有时会通过一些手段制造虚假的评价，例如在某美食点评网站上，人们或多或少都遇到过这种情况：某家店的评价很好、很火，但实际却与评价相去甚远。这就有可能是商家雇佣网络他人发布了一些积极的评论，从而误导了用户，如图 9-3 所示。

我们的目标是希望用户能够访问到真实可靠的信息。为此，我们使用 Python 编写了爬虫程序，从某美食点评网站上获取了一些数据，包括用户名、用户 ID、账号注册时间、社交关系、详细签到记录等。同时，我们通过招募志愿者的方式对数据做人工标注——类似的工作一般采用监督式机器学习模型。之前的相关工作普遍存在的硬伤在于它们往往采用描述性或者汇总性的特征，例如某个用户签到多少次，去了多少个城市，平均的移动速度是多少等。此类特征最大的短板是只涵盖粗

图 9-3　恶意用户基于某些诱因制造虚假评价

糙的整体情况，而忽略了很多细粒度的信息。细粒度的信息能帮助我们精准地区分合法用户和恶意用户：假设用户甲和用户乙都签到了 3 次，但签到情况却大不相同。用户甲每天 7:10 出门，7:35 到学校本部坐校车，8:40 到办公室，他的 3 次签到时间合理，因此他是一个合法用户；用户乙则不同，他的移动速度甚至比飞机还快，3min 就能从上海到北京和香港完成签到，因此他是个恶意用户。

针对此类问题，我们提出了基于 LSTM 的 DeepScan 解决方案（见图 9-4）：把用户的动态行为按时间窗口切分，将每个窗口的信息依次输入网络进行判断，同时兼顾时空特征、社交关系特征和 UGC（User Generated Content，用户生产内容）特征等，最后通过监督式机器学习分类器来判断，从而达到细粒度的多特征的采集和学习。实验证明，在同样的数据集上，DeepScan 比已有方法表现得更好。而且 DeepScan 应用灵活，可以方便地以附加特征模块的形式嵌入其他框架中，有效地提升该框架的性能。我们从该研究中获得的另一个经验是：通过消融实验，我们发现在所有特征中，时间序列特征对整体表现的影响最大。

DeepScan 是一个泛用性方案，其他第三方服务提供商也可以采用。在未来的元宇宙中，化身和数字原生技术将会带来比目前社交网络更多的用户，其中

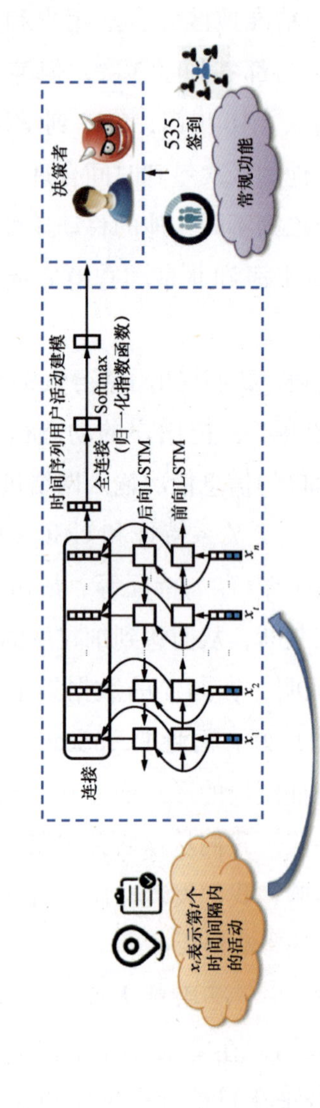

图 9-4　DeepScan 解决方案

不乏恶意用户，且其身份更难辨别。如何采用诸如 DeepScan 之类的解决方案，并加以改进，及时准确地发现元宇宙中的恶意用户，对保障元宇宙用户安全有极大的意义。

9.2 开发者社区恶意账号检测

一些非常有代表性的开发者社区，如包含 Python、TensorFlow 很多主库代码的 GitHub，也可以被认为是一种非常特殊的社交网络，只不过这类社交网络的核心功能是帮助程序员合作开发。由于好的代码可以转化为好的产品，因此这类社交网络会遭遇恶意用户的问题，例如身份伪冒，即冒用知名的程序员的姓名、照片，甚至是抄袭个人介绍，达到推广自己代码的目的（见图 9-5）。还有一种很常见的恶意操作是虚拟点赞（星标），很多 IT 公司在面试时，为了省事会直接挑选个人代码被推荐次数较多的候选人，然而这个星标次数的真伪存疑。我的学生做过一些实验，发现在一些平台上可以通过购买增加星标。此类行为对人们判断程序员的代码水平有很大的影响，亟待解决。

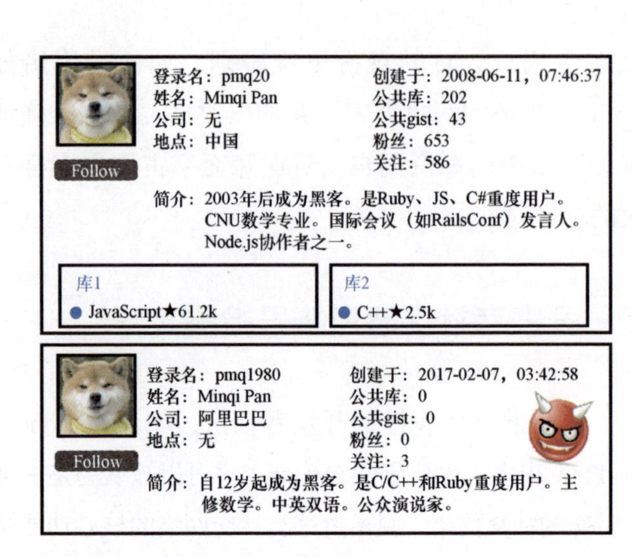

（a）假冒用户

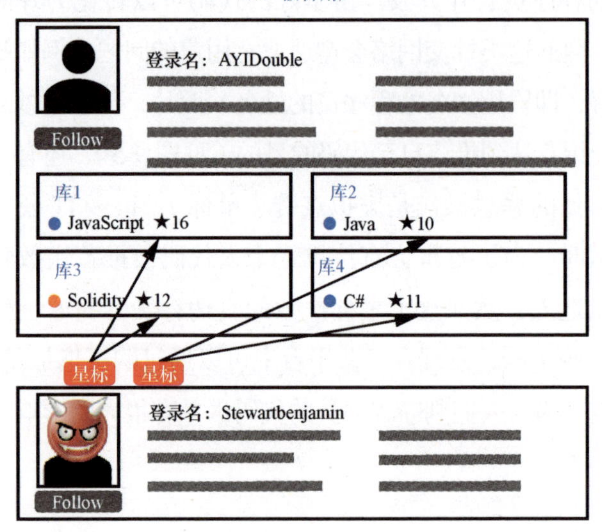

（b）伪星标

图 9-5 GitHub 常见的三种恶意行为

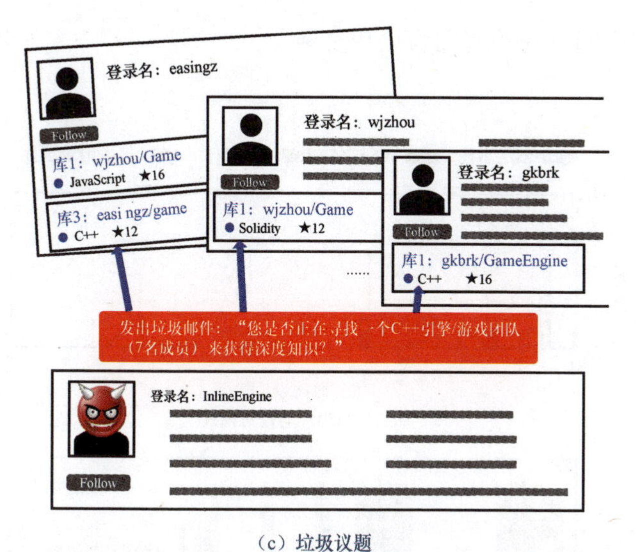

（c）垃圾议题

图 9-5　GitHub 常见的三种恶意行为（续）

另外一种影响相对较小的行为是发广告，例如某些软件开发者或者游戏开发者在相关的代码仓库里面创建议题，问能不能被招募做游戏或者软件开发。虽然没有恶意攻击或者造成恶意影响，但是类似的信息垃圾会影响其他用户正常使用体验。这三种攻击比较常见，都需要引起重视并避免。

图 9-6 展示了 GitHub 上合法用户和恶意用户的行为模式对比。从图中可以发现，合法用户比恶意用户做的事情种类更多，且事件发生时间更加不规律。但是恶意用户不是这样的，恶意用户会反复地高强度做相同的事情，为什么呢？具体原因各异，但是总的来说，恶意

用户的行为相对而言会更加频繁。

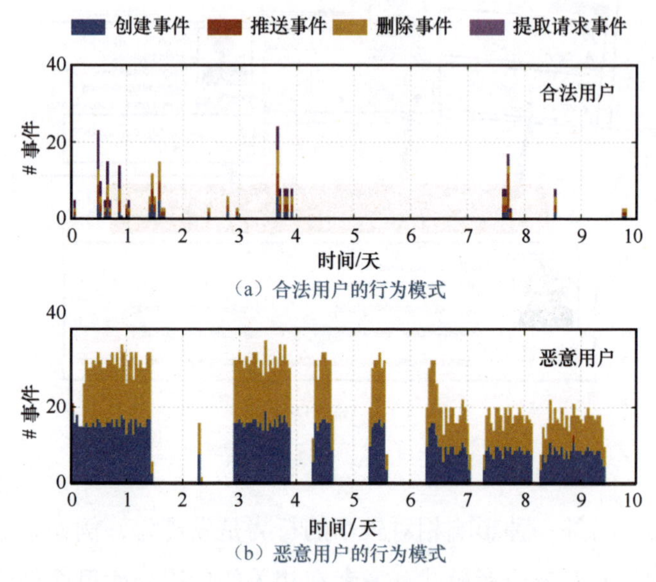

（a）合法用户的行为模式

（b）恶意用户的行为模式

图 9-6　合法用户和恶意用户的行为模式对比

DeepScan 是基于 LSTM 的，而 LSTM 是 20 多年前提出的陈旧技术了。为了进一步提升性能，我们提出了 GitSec 解决方案[2]，如图 9-7 所示。它采用较新的 Phased LSTM，即分阶段 LSTM 模型，对事件间隔序列和事件类型序列分别进行处理。同时该模型引入了注意力模型，为不同的隐藏层状态赋予不同的权重。另外，我们还在分析中采用了 CatBoost 描述性特征分类器，最终获得了更好的恶意账号检测效果。

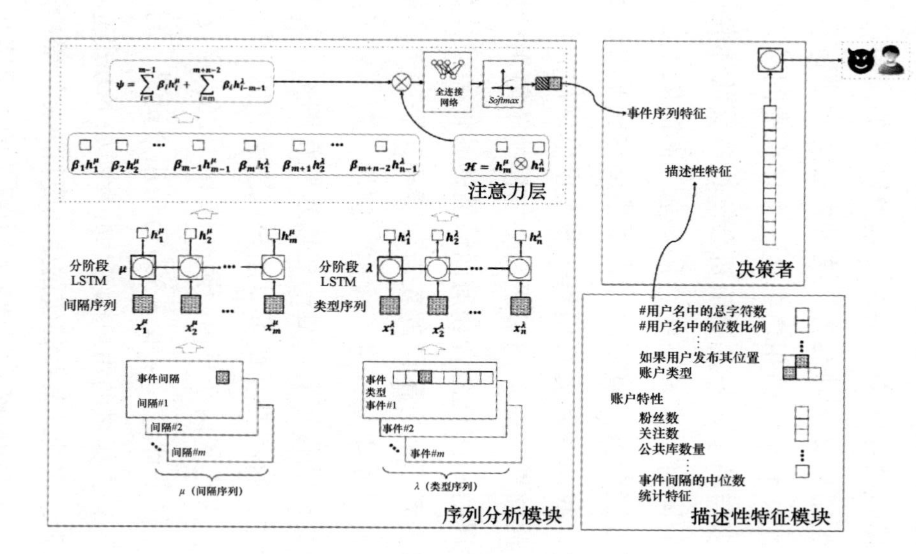

图 9-7 GitSec 解决方案

9.3 约会平台恶意账号检测

我们还关注了一些更新形式的在线社交网络，例如类似陌陌的在线交友网站。这类网站的主要功能是帮助陌生用户交互和约会。这种生态与元宇宙有很多相似之处，元宇宙的用户到达一个虚拟空间时，也会产生很多与陌生用户的交流机会。这些交流体验在帮助用户的同时会带来一些隐私安全方面的隐患，因为用户双方完全不了解彼此。为了帮助这类平台改善此类问题，我们开始为其创建一些安全机制。我们首先做了一些前期调研：通过研究小规模的陌陌用户数据集，发现陌陌的攻击者和前面谈到的其他类型社交网络的攻击者不同，陌陌的攻击很多和文字相关，即用户之间通过文字交互进行攻击。例如，两个陌生用户在结识的初期肯定要通过一些你来我往的文字交互来了解对方，这些交互便可以用来识别恶意用户。

我们采集了两个月内陌陌全部用户发的 2.4 亿个帖子和 3.2 亿条评论，以及 3 300 万份用户资料，同时拿到了陌陌官方提供的用户标签，并参照如下方式进行实验。首先，在处理某些传统的诸如资料、社区等静态特征时，运用 DatingSec 框架的较为简单的多层感知，如图 9-8 所示；其次，在处理我们更关注的诸如发帖和评论等动态行为时，采用 LDA 模型提取相应信息并通过

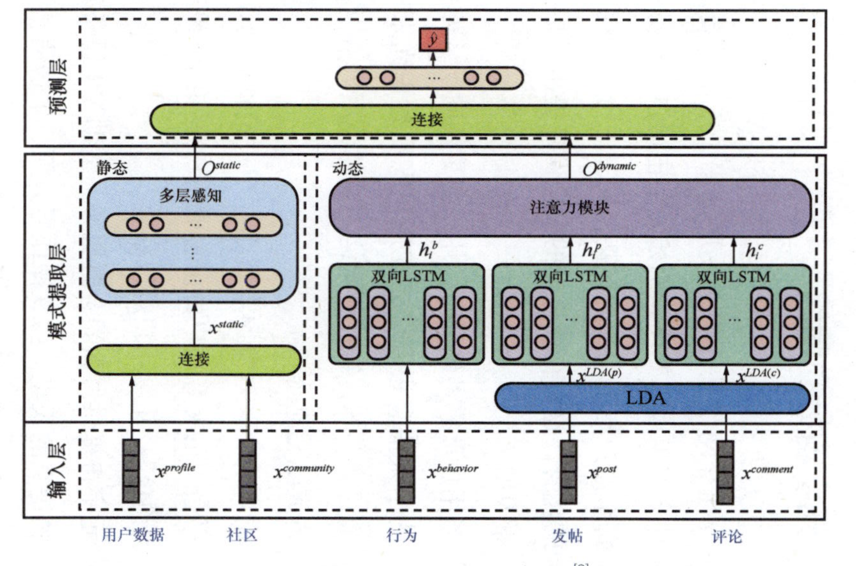

图 9-8 DatingSec 框架 [3]

3 个双向 LSTM 网络处理发送给注意力模块，做动态信息预测；最后，汇总静态信息和动态信息。实验发现，我们的框架相较于其他相关工作在性能上有很大提升。

9.4 元宇宙社交网络

在线社交网络是元宇宙发展过程中至关重要的一环，而且会产生很多变化。例如元宇宙用户用化身代替自己，每个用户在不同的平台甚至同一平台可以使用多个不同的化身，这对在线社交的安全保障提出了更高的挑战。原因如下。

- 当用户形象是化身时，用户会更倾向于认为自己的个人信息很安全，在用户隐私意识尚未转变前，这一与传统社交网络不同的使用风格很容易造成隐私泄露。
- 用户的交互对象原本就是存在一定伪装的化身，平台上的恶意用户可设置成用户熟知的形象进行“钓鱼”，正常用户难以察觉。
- 元宇宙提供付款等金融服务，借助 VR 设备对生物信息的采集，付款操作更方便，生物信息认证这一渠道增加了用户财产被盗的风险。
- 恶意用户在一定时间内可以多次改变化身，定位追踪恶意用户更加困难。

- 在虚拟世界中，用户的活动不受限制，很难符合统一的社区规则，用户的活动规律难以把控，从而更难辨别正常用户与恶意用户。

另外，用户使用元宇宙服务时，多种 VR/AR 设备实现了逼真的沉浸感，同时也使得人们的某些个人信息被暴露给元宇宙平台运营商和其他用户。我们对比了典型的元宇宙服务（如 Mozilla Hubs、VR Chat、Horizon Worlds）对用户数据的收集情况，可以看到，提供的沉浸式服务越逼真，收集的用户个人信息与活动数据就越详尽，用户个人数据泄露的可能性也越大，如图 9-9 所示。

	Mozilla Hubs(2D)	VRChat(3D)	Horizon Worlds(3D)
账户信息	✔	✔	✔
已创建房间中的化身和对象	✔	✔	✔
地点	×	✔	✔
支付	×	✔	✔
Cookie	×	✔	✔
物理和环境数据	×	✔	✔
第三方服务数据	×	×	✔

图 9-9　典型元宇宙服务平台收集的用户数据类型（对号表示收集，叉号表示不收集）

同时，元宇宙提供了比传统在线社交网络更丰富的功能和服务，用户之间的交互方式多种多样，远远超出线上互评、线下签到等交互范畴，语音、视频和场景交互等更为多见，而这些又增加了用户交互信息表示的难度。

最后谈一点愿景，我个人更倾向于将防御者和攻击者之间的交互看成是“猫和老鼠”的游戏。攻击者不停作恶，使得那些研究元宇宙或者社交网络安全问题的研究人员及时做出改进。例如，我认为前面讲到的一些用于社交网络安全的方法可以应用到元宇宙中。另外计算机领域比较常见的图神经网络、图嵌入等相关技术也可以用来帮助判别，提升恶意用户检测效率，保障元宇宙安全。

参考文献

[1] QING Y G, YANG C, XIN L H, et al. DeepScan: Exploiting Deep Learning for Malicious Account Detection in Location-Based Social Networks[J]. IEEE Communications Magazine, 2018, 56(11): 21-27.

[2] QING Y G, JIA Y Z, YANG C, et al. CIKM '19: Proceedings of the 28th ACM International Conference on Information and Knowledge Management: Detecting Malicious Accounts in Online Developer Communities Using Deep Learning, November 3-7, 2019[C]. New York: ACM, 2019.

[3] XIN L H, QING Y G, YANG C. DatingSec: Detecting Malicious Accounts in Dating Apps Using a Content-Based Attention Network[J]. IEEE Transactions on Dependable and Secure Computing,2021, 18(5): 2193-2208.

第10章　元宇宙城市建设与用户移动

作者介绍：

李勇，博士，清华大学电子工程系副教授。研究方向为数据科学与智能。

本章将从城市建设角度思考：在元宇宙里，如何通过对数字世界中的城市进行推演，来揭示城市发展规律和人类移动行为，以更好地规划元宇宙建设。

10.1 城市发展规律

从一个相当长的时间跨度来看，城市的发展是有统计规律可循的。城市领域研究学者和物理学家曾通过柏林的城市发展数据，对其发展历程（从 1875 年只有一个市中心和零星的几个小镇发展到 1945 年的现代柏林城市群）进行研究，发现了城市发展的若干统计规律。例如，城市轮廓的分形现象——1945 年的伦敦城市轮廓与海岸线一样存在明显的分形现象——能用物理学复杂系统的分形进行测度；大城市群中的很多小城镇的面积分布服从齐夫定理。简而言之，城市的发展有一定规律，统计规律背后的核心机制是一个由来已久的研究课题。

20 世纪八九十年代，很多物理学家都对该问题表示出深厚的兴趣，最典型的两个研究结果是：Witten 在 *Physical Review* 上发表的一个随机粒子扩散模型；纽约城市大学 Herman 在 *Nature* 上发表的一个随机流体拓展渗透模型。这两个模型均采用了粒子运动或者流体渗透来解释城市的扩张规律。显然，城市发展过程不是简单的物理过程，而是由生活在城市里面的人的活动，包括繁殖、迁徙、交通等促进而成的。无论是规划模型还是物理模型，都无法清楚解释城市宏观发展背后的社会机理。因此，我们提出一个设想，能否从人的行为角度来解释城市的发展规律，这就转移到另外一个关键词——“人类移动行为”之上。

10.2 人类移动行为

从直觉上看，人在城市里面的行为会影响城市的发展。例如，影响城市发展的最简单的行为是移动行为，既包括短时间通行，也包括长时间迁徙。人的移动行为建模是 2010 年前后非常热门的研究话题。那时候，全球移动通信网络记录了大规模用户移动的数据。基于这些大数据，复杂网络的研究学者提出了很多“人的移动”模型。我们对这些工作进行了梳理，可以按照有没有考虑社会交互因素、是否有记忆归纳到 4 个象限中。第一象限模型是既没有考虑移动的记忆性，也没有考虑移动的社会交互因素的典型模型——2008 年发现的人的移动的列维飞行模型。该模型把人在城市里的移动看成一次次的跳转，每次跳转的距离服从幂律分布，背后的道理就是距离越远的地方访问的概率越小。然而，人们平常在城市里的移动不但会受距离影响，而且会与目的地对其吸引力有关。因此，第二象限模型考虑了社会交互因素，最典型的是重力模型，它在列维飞行模型的基础上加入了目的地人口密度——表示人口密度越大的地方人们去的概率越大。

这两个模型的共同特点是无记忆，下一次跳转不会考虑上一次跳转的情况，因此我们把列维飞行模型和重力模型都称为“无记忆的移动模型”。由于无记忆的移动模型在表达形式上比较简单，因此可以在理论上对它进行推导：假设城市里的所有人都按无记忆模型移动，聚合层面的人群会形成什么样的分布呢？推导结果是一个负数。表面上来看，聚合层面是一个发散过程，即无记忆的移动模型在聚合层面形成的人口分布是一个发散过程，无法形成稳定的城市结构。因此，要推演城市发展规律，必须把移动特性的记忆性考虑进来。将记忆性纳入考虑的一项研究成果是2010年发布在*Nature Physics*上的一篇论文，它把人的移动看成是一个有记忆的过程，且人们会以一定概率回到之前去过的地方，回去的概率与之前的访问次数和时间成正比。该概率模型在聚合层面很难推导，因此我们用仿真的方法，假设每个人都遵循该移动模型，得到的城市结构形成了稳定的城市中心，中心人口密度很高，且周边人口与中心呈现对称的分布。然而，这无法解释产生分形现象的边缘分布。

10.3 移动模型与城市结构

通过建立微观的个人移动模型，假设城市中数百万人的移动轨迹都遵循此微观模型，我们可以模拟仿真整个城市的结构和人口分布，摆脱传统的理论推导需求。

通过前面的推演和实验，我们有个大胆的猜想：若要复现城市发展规律，在建模人类移动时需要同时考虑社会交互特性和记忆特性。因此，我们提出了一个全新的移动模型——协同移动模型[1]。一方面，要考虑人移动的社会交互特性，即探索新地点的概率与此地点的社会吸引力即人口密度成正比。另一方面还要保持记忆性，即考虑人会以一定概率回到之前访问的地点。从这个模型理论推导出城市结构非常困难，因此我们采用模拟仿真的方式，让每个人都遵循该移动模型，结果生成的城市结构与真实的城市人口分布非常相似。可以说，通过数字世界的模拟仿真，我们从微观的人移动模型推导出宏观的城市发展规律。

此过程中最关键的一项技术是模拟仿真——该技术是元宇宙中除扩展现实和交互以外的重要支撑技术之一。元宇宙平台引擎里虚拟世界运行的基本内核的核心就是模拟仿真相关技术。现存仿真效率很低，只能仿真数百个人在几百个地点的移动行为，难以匹配现代化大城市规模。我们提出的新型采样算法实现了模拟仿真加速，可以模拟真实城市规模的人类移动。通过模拟仿真推演城市发展规律，我们发现并总结了三大城市发展规律：（1）城市面积服从齐夫分布；（2）城市人口与面积呈超线性增长；（3）城市居民区的密度随着与城市中心的径向距离的增加而呈指数级下降。同时，我们也做了预测城市未来发展趋势的实验。在实验中，我们用长时间跨度的数据（例如基于 1910 年柏林的城市分布初始化模型），基于 20 年的数据校正模型来预测 1945 年柏林城市群的人口和面积的分布情况，最终准确率约为 83%，高出其他前述模型 10% ~ 20%。

我们的模型能够预测城市的人口分布和移动需求，特别是城市扩张过程中的人口分布和移动需求，可以帮助人们理解城镇化过程，更好地进行城市规划。传统的城市规划主要依靠经验模型和专家知识。然而，借助我们的方法可以把人口分布和移动需求定量刻画出来，对整个城市的架构、格局的设计，以及城市基础设施建设都很有帮助。同时，该模型可以辅助制定城市政策。城市治理之所以是人们面临的一个很大的难题，其中原因之一就是宏观政策的效果难以预判。通过研究，我们可以建模微观上的政策影响，通过数字模拟仿真推演和评估政策的宏观影响。

总而言之，我们是从人移动的角度，通过建模人的移动行为来揭示城市发展的规律。换句话说，我们连接宏观和微观的视角发生了变化，传统的宏观和微观视角是在统计物理层面进行理论推导。现在，借助计算机的超强算力，我们可以通过数据反复推演模式，连接微观的移动行为和宏观的城市发展规律。在数据科学时代和智能技术的支撑下，我们对城市复杂系统的理解、规划和治理均发生了新的变化。

10.4 元城市建设

如前所述，综合考量个人行为和城市中丰富的物理要素（包括建筑、道路、河流等）、社会要素、网络空间等因素，构建复杂的城市系统，实现大规模的城市模拟仿真，对于在数字世界里实现城市推演和运转很有意义。

未来，我们每个人的化身都需要在元宇宙里面占用一定的生存空间。模拟城市，或者叫元城市，是未来化身赖以生存的空间。我们现在正在做一个城市模拟器，从微观的角度把城市里面的建筑、道路、河流、绿化、植被等物理要素考虑进去。进一步，我们还会把社会要素（包括城市里面的人、道路上行驶的车辆以及人的活动）也加入建模过程。未来还会融入更多的社会要素，例如人的经济活动等。在模拟微观社会要素和物理要素的基础上，我们还会通过大规模并行计算的方式，实现超大型城市的模拟仿真。利用这样的模拟器，我们可以规划未来元城市的建设，根据平台用户的增长曲线，预测未来一段时间内元城市的各方面需求，在规划伊始就充分考量，避免后期的重复性开发和改造，节省大量的计算成本、电力成本。

10.5 小结

元宇宙因其广泛的存在形式与覆盖程度，将逐渐对社会造成普遍影响并引起社会反响，若处理不当，则会引发大量社会问题。为了维护社会稳定和谐，元宇宙需要标准化的道德规范和治理方案（见第 7 章）；由于人工智能是元宇宙的核心技术，因此需要提供保障可信人工智能的标准和方法（见第 8 章）；为了保护用户安全，需要及时发现恶意用户和行为（见第 9 章）；元宇宙的数据和用户体量庞大，如何高效地建设、维持元宇宙城市将成为下一代网络空间的一个根本性的社会问题。

参考文献

[1] FENG L X, YONG L, DE P J, et al. Emergence of Urban Growth Patterns from Human Mobility Behavior[J]. Nature Computational Science, 2021, 1(12): 791-800.